Rubaijat von Omar Chajjam
Englisch – Deutsch

German Studies in America

Edited by Heinrich Meyer

No. 1

Rubaiyat of Omar Khayyam
The Astronomer-Poet of Persia
Rendered into English Verse

by

Edward FitzGerald
Fourth Edition

German Verse Translation

by

Henry W. Nordmeyer
Second revised Edition

With an Essay

by

Heinrich Meyer

Herbert Lang
1969

Rubaijat von Omar Chajjam

Rendered into English Verse
by
Edward FitzGerald
Fourth Edition

Versübertragung mit
Einführung von
Henry W. Nordmeyer
Zweite, verbesserte Auflage

Nachwort
von
Heinrich Meyer

Herbert Lang
1969

©
Herbert Lang, & Co. Ltd., Bern, 1969.

Reprint or reproduction (even of parts) and in all forms as microfiche, microcard, xerography, fotocopy and offset strictly forbidden.

Printed by Lang Druck Ltd.

DEN VOLLENDETEN

Zur Einführung

Wenn jemand eine Übersetzung vorlegt von einem Werke, das seinerseits aus einer fremden Sprache geschöpft ist, so wird der Leser erwarten, daß man ihm sagt, warum und wieso. Das läßt sich aber hier so leicht und rasch nicht tun; es muß, wie bei andern klassischen Werken, erst ein Hintergrund geschaffen werden. Die eigentümliche Entstehungsgeschichte der Rubaijat-Dichtung, die man dabei kennen lernen wird, ist vielleicht am besten geeignet, auch das Verhältnis des englischen Dichters zu seiner persischen Vorlage klarzustellen. Eine oberflächliche Beurteilung dieses Verhältnisses führt leicht zu grundlegender Verkennung des Wesens des Gedichts, und damit zu einer Beeinträchtigung des zu erhoffenden Genusses und inneren Gewinns. Der Kenner wird leicht sehen, daß alle andern hier berührten Fragen, so interessant sie auch an sich sind, auf diese eine hinarbeiten oder sich direkt aus ihr ergeben.

I.

Was wir vom historischen Omar wissen, ist bald erzählt. Abu-l-Fath Omar-ibn-Ibrahim el-Chajjami wurde zwischen 1025 und 1050 geboren, und zwar in Naischapur in Chorasan, damals einer sehr bedeutenden Stadt im nordöstlichen Persien. "Chajjami" bedeutet im Arabischen Zeltmacher; man nimmt aber jetzt an, daß hier nur ein Familienname vorliegt, daß also weder Omar noch sein Vater Ibrahim das Gewerbe selbst noch ausgeübt habe. Er genoß ohne Zweifel eine sehr gute Erziehung auf der Hochschule seiner Vaterstadt, wo vornehmlich der Koran samt den Überlieferungen, arabische und persische Poesie sowie Philosophie und Naturwissenschaften gelehrt wurden. Ein gewisser Abu Tahir half ihm bei zeitweiligem Geldmangel seine Studien fortsetzen. Bald wurde er als großer Gelehrter bekannt.

Über Persien herrschten seit etwa 1037 die Seldschucken, die unter Toghrul Beg und Alp Arslan ihr Gebiet immer weiter ausdehnten, besonders gegen Syrien und Kleinasien. An ihrem Hofe wirkte der große Staatsmann Abu Ali al-Hassan, besser bekannt unter dem Namen Nisam-el-Mulk, "Ordner des Königreiches", der sich durch Gründung von Universitäten, Sternwarten, Moscheen und Hospitälern hoch verdient machte. Er entschloß sich auch, eine Kalenderreform durchzuführen (1074). Acht Astronomen wurden mit der Aufgabe betraut, an ihrer Spitze Omar Chajjam. Die Verbesserungen, die dieses Kollegium einführte, sind nach Gibbon vom gregorianischen Kalender (1582) nur wenig übertroffen worden. Die neue Ära, nach einem Beinamen des regierenden Sultans Malik Schah die Djelali-Ära genannt, begann mit dem 15. März 1079.

Diese Jahre müssen die besten in Omars Leben gewesen sein. Er lebte damals in der Oase Merw, als Leiter der Sternwarte. Wie allerlei Erzählungen bekunden, war Nisam-el-Mulk offenbar sein mächtiger Gönner. Unter dessen Schutze konnte er ungestört seinen Studien leben, auch wenn sie ihn abseits führten vom schmalen Pfade muselmanischer Orthodoxie, und manches kecke Epigramm über die Widersprüche der Theologie, wenn nicht der göttlichen Weltordnung, mag schon damals entstanden sein. Den Zeitgenossen galt er in erster Linie als Astronom und Astrolog. Den astrologischen Voraussagen jedoch, die er zu machen hatte, schenkte er – wie ausdrücklich erzählt wird – wenig Glauben. Die Mathematik seiner Zeit beherrschte er selbstverständlich und bereicherte sie durch verschiedene Traktate, von denen uns zwei erhalten sind. Aber auch Schriften physikalischen Inhalts werden uns genannt, sowie Untersuchungen zur Meteorologie und Klimatologie. Mit Geschichte und Staatswissenschaften, von Plato ausgehend, befaßte er sich; als Exeget des Korans und selbst als Arzt zeichnete er sich aus. Also ein Polyhistor wie Aristoteles, den er natürlich, wie die klassische Philosophie überhaupt, gut kannte. So hat er denn auch metaphysische Schriften verfaßt. Eine davon, die jedoch in eine spätere Zeit seines Lebens gehört, ist erst vor zwanzig Jahren wieder entdeckt worden.

Nisam-el-Mulk wurde ermordet, und bald darauf starb auch Malik Schah (1092). Eine Zeit von Kriegen und Bürgerkriegen brach an, und Omars Vaterstadt Naischapur, wohin er zurückgekehrt war, wurde mit am meisten davon betroffen. Daß er, nun schutzlos, sich bald den heftigsten Angriffen von seiten der Muftis und Mullahs ausgesetzt sah, wundert uns nicht. Einen Niederschlag vermutlich seiner damaligen Erfahrungen finden wir in einer Stelle seiner Abhandlung über algebraische Aufgaben, die Franz Woepcke 1851 in Paris herausgegeben und übersetzt hat. Darin klagt Omar bitter über den Untergang der Wissenschaft, den er habe mit ansehen müssen, und über das Scheinwissen, die Eitelkeit und den Geist der Lüge, der sich jetzt allgemein in der Gelehrtenwelt breit mache, und verlangt von dem wahren Gelehrten, er solle nun erst recht sich rein dem Streben nach Wahrheit und der Wahrheitsliebe weihen, trotz aller Leiden und Entbehrungen. Verschiedene ihm zugeschriebene Verse drücken ganz ähnliche Stimmungen und Meinungen aus. Omar entschloß sich endlich, nach Mekka zu pilgern, vermutlich um sich seinen fanatischen Verfolgern eine Zeitlang zu entziehen und zugleich seine Rechtgläubigkeit zu demonstrieren, möglicherweise wirklich auf Grund einer zeitweiligen Bekehrung. In Bagdad soll er sich auf der Heimreise streng vor seinen Gesinnungsgenossen verschlossen haben. Er kehrte dann nach Naischapur zurück, doch glaubte dort niemand an den frommen Charakter seiner Wallfahrt, wenn er nun auch regelmäßig beim Morgen- und Abendgebet erschien und seine skeptischen Anschauungen besser verhüllte. In den Rubaijat lesen wir einmal: "Vor den Fügungen der Vorsehung hilft nichts als sich beugen; bei den Menschen hilft nichts als Betrug und Heuchelei. Ich habe die verschlagensten Listen angewandt, die der Menschengeist nur ersinnen kann, aber das Schicksal hat stets meine Pläne zunichte gemacht."

Trotz alledem kam Omar wieder zu Ehren und Ansehen. Im Jahre 1112/13 finden wir ihn auf einer Reise im Hause eines Emirs in Balch, zwei Jahre später wieder in Merw, in der Umgebung des Sultans als Freund des Großwesirs. Seine Studien setzte er mit unverminderter Energie fort. Noch an seinem Todestage soll er in Avicennas "Buch der Heilung" gelesen haben. Er starb nach der gewöhnlichen Angabe 1125. Zwölf Jahre später kam sein Freund und Schüler Nisami-i-Arudi von Samarkand, ein Hofdichter, nach Naischapur, suchte und fand das Grab am Fuße einer Mauer, über die Birnbäume und Pfirsichbäume ihre Zweige streckten. So war eine alte Prophezeiung des Meisters wahr geworden, daß sein Grab zweimal im Jahre mit Blüten überschüttet sein werde. Nisami dachte daran und brach in Tränen aus. "Denn", so erzählt er selbst, "in der ganzen Welt, so weit Menschen wohnen, habe ich nie jemand gesehen, der ihm gliche". Omars Grab wird jetzt noch bei Naischapur gezeigt.

II.

Man neigt heute dazu, Omar im wesentlichen als Skeptiker aufzufassen. Aber das Problem liegt eigenartig. Man kann sagen, jede Beweisführung laufe hier auf ein logisches Hysteron-Proteron hinaus.

Geschrieben hat Omar immerhin wenig, und selbst wenn noch weitere Werke von ihm gefunden werden sollten, für ein tieferes Verständnis seiner Persönlichkeit ist davon nicht viel zu hoffen. Sein bereits erwähnter Traktat über die Metaphysik, den Arthur Christensen 1906 veröffentlicht hat, beweist das klar. Hier entpuppte sich Omar plötzlich zu allseitiger Überraschung als guter Sufi, also als Anhänger jenes mystischen, neuplatonisch orientierten Pantheismus, der noch heute das höhere Geistesleben Vorderasiens beherrscht. Aber was hatte man denn erwartet? Daß Omar seinen Skeptizismus fein säuberlich in ein System fassen würde? Und daß eine solche Schrift trotz der Unduldsamkeit von Jahrhunderten bis auf uns kommen könnte? Von andern Anzeichen abgesehen, läßt sich wohl annehmen, daß Omar sich hier des "Ketman" bedient hat, d.h. einer philosophisch begründeten Verstellung, die es dem Perser ermöglicht, mit dem Gegner scheinbar übereinzustimmen, um ihn in Wahrheit zu demütigen und sein eigenes Geheimnis zu bewahren. Man muß bedenken, daß Omar seines Lebens zu Zeiten nicht sicher war. Es wird berichtet, er habe nicht gern gelehrt. Wenn er ein Skeptiker war, so können wir uns wohl denken, warum – jedenfalls nicht aus Indolenz. Eine glaubwürdige Anekdote zeigt, daß er Heuchler und Verräter unter seinen Schülern fand, und von Dingen zu sprechen, ohne seine letzten Schlußfolgerungen ziehen zu dürfen, mag ihn nicht sehr interessiert haben.

Omars einzige Möglichkeit, philosophische Zweifel auszusprechen, war somit, eine Sprache zu brauchen, die nur der geistig Verwandte ganz verstehen würde, während sie anderwärts harmlos oder zur Not mystisch zu deuten war – die Sprache der Poesie. Also eine neue Anwendung des Ketman, aber weit kühner, feiner und geistvoller. So müssen wir uns die Entstehung vieler Rubaijat denken; doch gibt es genug andere, die ganz unverhüllt sprechen. Omar brauchte die Form des Rubai, d.h. eines in sich geschlossenen Gedichts von vier Zeilen, von denen die ersten beiden und die vierte, seltener auch die dritte reimen. Schon vor ihm hatte Avicenna in derselben Form sufische Lieder zum Lobe des Weins gedichtet, in denen also der Wein die Gottheit oder die göttliche Liebe bedeutet, die Trunkenheit die Wiedervereinigung mit Gott, usw. Omars Wahl dieser Strophe ist bezeichnend. Wieviel solcher Rubaijat er geschrieben, wissen wir nicht. Jedenfalls sind sie einzeln entstanden, über viele Jahre verteilt, und vielleicht erst nach seinem Tode von Freunden gesammelt.

Sie wurden dann alphabetisch nach dem letzten Buchstaben des Reims geordnet und so verbreitet. Im dreizehnten Jahrhundert waren sie allgemein bekannt. Doch täuschte die frommen Kritiker keine Verstellung und Verkleidung. Nadjm-ed-din Daja, ein Sufi, der 1256 starb, nennt Omar bereits 1223 einen Gottesleugner und Materialisten und zitiert zwei in der Tat ganz typische Strophen zum Beleg für die "Schamlosigkeit" und "innere Verderbtheit" des Dichters. Ähnliches lesen wir wenig später bei Ibn-el-Qifti, der sich gegen die sufische Auffassung der Verse Omars wendet, denn ihr innerer Sinn sei der koranischen Lehre "eine stechende Natter". Wie wir hierbei sehen, hat die Tendenz der Sufis, Omar als einen der ihrigen zu beanspruchen, die noch jetzt in Persien ganz allgemein ist, schon früh begonnen. Das mag teilweise an den echten, ursprünglichen Strophen gelegen haben, indem Omar mit Fleiß sufische Sinnbilder und Formeln verwandte; anderseits ist klar, daß in Texten, die solche Ausdeutung überhaupt zuließen, rein sufische Interpolationen sehr früh statthaben mußten. Genau ebenso kann man aber zeigen, daß auch ganz atheistische Vierzeiler fremder Hand gerade in diesen Handschriften am ehesten durchschlüpfen konnten, sodaß ein Rückschluß auf Omars Persönlichkeit aus den Rubaijat allein kritisch unmöglich ist. Nur die eben genannten, immerhin frühen Biographen können entscheiden.

Die Handschriften, die wir haben, gehen leider nicht über das Jahr 1460 zurück, und tatsächlich enthalten sie alle Unechtes in Masse. Selbst in der ältesten, in der Bodleian Library in Oxford, die nur 158 Vierzeiler bietet und offenbar einen Auszug aus einer größeren Sammlung darstellt, finden sich 12 Prozent Strophen, die auch andern Dichtern zugeschrieben werden, und dazu kommen noch Variierungen und Widerlegungen von unbekannter Autorschaft. Eine Handschrift in Cambridge aus dem achtzehnten Jahrhundert hat 801 Vierzeiler, eine 1907 in Amritsar veröffentlichte noch über 100 mehr. Die Gesamtzahl der Omar Chajjam zugeschriebenen Rubaijat soll in die Tausende gehen.

Der Inhalt ist denn auch bunt genug. Uralte Weisheit des Ostens hat sich hier zu Versen verdichtet. Die Upanischads, die Lehre Zarathustras und Gotama Buddhas und Manis sollte man kennen, um alle Beziehungen voll auszuschöpfen; das Buch Hiob klingt an, das Buch Koheleth, daneben die leichte klassische Liebespoesie der Perser; gelegentlich finden sich zynische Strophen, und immer wieder kehrt das alte "Carpe diem", schwermütiger als bei Horaz. Daß sich da die seltsamsten Widersprüche ergeben, ist selbstverständlich. So hat man denn in einer vorkritischen Periode den Dichter abwechselnd Freigeist und Mystiker, Asket und Lebenskünstler, Gottsucher und Gottlästerer, Philosoph und Heuchler genannt. Wie R. A. Nicholson in Cambridge vorgeschlagen, sollte man lieber von einer "persischen Anthologie" sprechen – wie von der griechischen – in der sich, von einigen großen Namen abgesehen, die Rubai-Poesie von fünf Jahrhunderten niedergeschlagen hat. Denn darin stimmen die Kritiker überein, daß in diesen Rubaijat, so wie sie sind, ganz ununterscheidbar in Form und Sprache, die Seele eines ganzen Volkes, sein Suchen und Sehnen nach Schönheit und Wahrheit sich widerspiegelt.

Damit ist aber noch etwas ganz anderes gesagt, nämlich, daß sich der Stempel der Eigenpersönlichkeit immer mehr verwischt hat in ihnen, daß also das, was hier ursprünglich das Erlebnis Omar Chajjams war, des historischen Weisen von Naischapur, wieder zum "Stoff" geworden ist – so wie die Taten und Schicksale, Gefühle und Meinungen anderer längst vergessener Menschen, von denen wir in alten Büchern lesen, und die des Künstlers harren, dem sie zum Symbol des eigenen Erlebens werden.

III.

In Europa wird Omar zuerst im Jahre 1700 in England genannt, und zwar in Thomas Hydes "Veterum Persarum . . . Religionis Historia" (2. Aufl. 1760), der ein Rubai zitiert. Die eigentliche Beschäftigung mit ihm begann aber erst 1818, als von Hammer-Purgstall in seiner "Geschichte der schönen Redekünste Persiens" 25 Rubaijat übersetzte. In Frankreich wurde man in den fünfziger Jahren auf Omar aufmerksam, und 1867 veröffentlichte J.-B. Nicolas einen persischen Text von 464 Vierzeilern mit französischer Prosaübersetzung. Ernest Renan, unbeirrt von des Herausgebers streng sufischer Interpretation, begrüßte in Omar sofort einen Geistesverwandten Goethes und Heines; Théophile Gautier, der sich noch begeisterter äußerte, wies auf Hamlet und auf Lessings Nathan hin. Verschiedene andere Übertragungen sind seitdem erschienen. In Deutschland trat 1878 der Graf von Schack mit seinen "Strophen des Omar Chijam" hervor. Dann kamen Bodenstedt, Schenck u.a., die sich aber, wie Friedrich Rosen bemerkt, im wesentlichen auf wörtliche französische und englische Übersetzungen stützten. Erst derselbe Friedrich Rosen ging wieder direkt auf das Urbild zurück (1909). In England ist das Whinfieldsche Werk, "Quatrains of Omar Khayyam" (1882; stark vermehrte 2. Aufl. 1883), unter vielen andern immer noch die Autorität, obwohl in Versen geschrieben. Bald folgten Rußland und Italien, und heute gibt es keine Kultursprache, in der nicht die Rubaijat in irgend einer Form zugänglich wären. Zugleich entspann sich schon in den siebziger Jahren ein heftiger Streit der Meinungen über die verschiedensten Omarischen Fragen. Dieser wurde endlich (1897) auf kritische Grundlage gestellt von dem Russen Schukowski, von dessen berühmtem Aufsatz über die "wandernden Vierzeiler" E. D. Ross im "Journal of the Royal Asiatic Society" einen englischen Auszug bot (1898).

Das somit allgemein bekundete Interesse, das zumal in England und Amerika eine enorme Verbreitung und Intensität erreichte und noch besitzt, geht nun allerdings nicht ausschließlich und direkt auf den persischen Weisen und Dichter selbst zurück, sondern, ohne Schmälerung der Verdienste von Nicolas, wohl zu neun Zehnteln auf die Fassung der Rubaijat, die acht Jahre vor ihm ein Engländer hatte erscheinen lassen, Edward FitzGerald. Man muß sich überhaupt fragen, ob Omar Chajjam ohne diesen Interpreten auch nur so bekannt geworden wäre wie etwa Hafis oder Firdusi, die trotz meisterhafter Übersetzungen vielen noch schattenhaft genug sind. Weisheitssprüche des Orients, mit Rückert angefangen, haben wir in Menge, und Omars Erkenntnisstufe als solche wurde vom modernen Abendland spätestens zur Zeit Voltaires überschritten. Wenn trotzdem ein eigentümlicher Schimmer auf seiner Gestalt liegt, so ist dies das Werk eben des einen Mannes, dessen Name unverwischbar in die Annalen englischer Literatur eingetragen ist.

Das hier Wesentliche seines Lebens ist etwa dies. Edward FitzGerald wurde 1809 in Bredfield, einem kleinen Ort nordöstlich von London, in Suffolk, geboren, doch zeitweise in Frankreich erzogen. Seine Eltern, beide irischer Abkunft, waren reich. Er studierte in Cambridge, wo er mit Thackeray Freundschaft schloß. Auch Alfred Tennyson, der gleichzeitig mit ihm dort war, gewann er bald danach zum Freunde. Zu einem Berufe hatte er keine Lust. Ganz unpolitisch gestimmt, lebte er also das stille Leben eines Landedelmanns, in den Augen der Welt fast ein Sonderling. "Perioden" gibt es in seinem Leben kaum. Er wohnte bald hier, bald da in Suffolk, immer beschäftigt mit der Lektüre der Klassiker der verschiedensten Zeiten und Zonen. Von Deutschen las er besonders Goethe, Jean Paul, Alexander von Humboldt, A. W. von Schlegel, Heine; machte auch einmal die übliche Rheinreise. Er segelte gern und liebte die Musik; seine Briefe beweisen ein feinfühliges musikalisches Verständnis. Dazwischen schriftstellerte er.

Er machte keinen Anspruch auf Genie, wohl aber auf Geschmack. So kam es, daß er sein Lebtag fast nichts unternahm als Nachschöpfungen – Paraphrasen von Dramen Calderons, von Äschylus und Sophokles, sowie den Persern Djami und Omar Chajjam. Seinen Namen als Verfasser verschwieg er fast stets. Durch seinen Freund, den Sanskritisten Edward B. Cowell, wurde er ins Persische eingeführt. Drei Jahre danach, 1856/57, finden wir ihn froh bei der Arbeit an Omars Rubaijat, die ihm Cowell an die Hand gegeben hatte. Nach einem vergeblichen Versuch, die harmloseren seiner Übertragungen in einer Zeitschrift zu veröffentlichen – sie schienen immer noch zu gotteslästerlich – ließ er 75 Strophen auf eigene Kosten drucken, wie gewöhnlich anonym. Von den 250 Exemplaren, die 1859 so erschienen, überließ er alle bis auf 50 seinem Verleger. Kein Mensch kümmerte sich um das unscheinbare Werk. Erst nach Jahr und Tag, als der Preis von fünf Schilling nach und nach auf einen Penny herabgesetzt worden war, entdeckten zwei Freunde Dante Gabriel Rossettis den verschollenen Perser, dessen Name nun im Kreise der Präraphaeliten bald zu einem Schiboleth wurde. John Ruskin gehörte zu diesen ersten Freunden, Swinburne, Sir Richard Burton, der intime Kenner des Orients, dessen Übersetzung von Tausend und einer Nacht auch in Deutschland bekannt ist, und mancher andere. Man war wie berauscht von der neuen Dichtung, aber niemand konnte raten, wem man sie verdankte. Selbst Carlyle, der mit FitzGerald seit langen Jahren gut befreundet war und sich der Schönheit der Rubaijat keineswegs verschloß, kam erst 1873 hinter das Geheimnis des bescheidenen Mannes, d.h. als schon zwei weitere Auflagen (1868 und 1872) erschienen waren. Die zweite war um 35 Strophen vermehrt, und viele von den alten waren umgearbeitet oder ganz ersetzt. In der dritten Auflage erhielt das Gedicht, wenn man manche spätere kleine Änderungen vernachlässigt, seine endgültige Fassung; sie enthielt 101 Strophen.

FitzGerald starb 1883. Den Anbruch des eigentlichen Omar-Chajjam-Kults, der seinen ersten Höhepunkt um 1900 erreichte, hat er kaum mehr erlebt. Selbst in den neunziger Jahren konnte man die neuen Auflagen und Ausgaben seines Werkes immerhin noch übersehen. Jetzt kann man es nicht mehr. Nicht Whinfield, nicht Richard LeGallienne, nicht Payne, werden immer neu herausgebracht, wohl aber das dünne Heft von 1859, das heute in allen möglichen Formen und Ausstattungen in Hunderten von Ausgaben in der englischsprechenden Welt verbreitet ist, gar mancher Parodien, Travestien usw. nicht zu gedenken. Übersetzungen von FitzGeralds Omar sind erschienen in über zwölf Sprachen, darunter Hebräisch, Griechisch und Lateinisch, Gälisch und Japanisch; die letzte, tschechisch, erst 1922. Frankreich hat ein halbes Dutzend in dieser Gruppe, Deutschland etwa ebenso viele, Italien drei oder vier. Allerdings ist auch die Arbeit von Nicolas verschiedentlich übertragen worden, aber offenbar aus viel einfacherem Grunde: sie gilt für zuverlässig, und französische Prosa ist leicht. Bei den Fitz-Geraldschen Versen sagen die genannten Zahlen etwas ganz anderes aus.

IV.

FitzGerald hatte ursprünglich zwei Texte vor sich, den der Handschrift in der Bodleian Library und den der Calcutta-Handschrift. Beide hielt er, wie damals jeder, im ganzen für authentisch, glaubte es also mit dem einen, wirklichen Omar zu tun zu haben. Daran muß man festhalten. Wir wissen heutzutage, wie E.D. Ross betont, daß man von keinem einzigen Rubai mit Sicherheit behaupten kann, es sei echt. FitzGerald dagegen mußte, wenn er eine Einheit wiedergeben wollte, die diffusen Vierzeiler seiner Vorlagen zum Ausdruck einer neuen Persönlichkeit verdichten. Er hätte, was er da mechanisch aneinandergereiht vor sich sah, unter verschiedenen Titeln, wie "Vergänglichkeit", "Welträtsel", "Wein und Liebe" usw., neu ordnen können, selbstverständlich in "geschmackvoller" Auswahl. Daß er dies nicht getan, bezeugt, daß es ihm nicht auf Omars Weisheit im einzelnen ankam, sondern auf das Erleben solcher Weisheit, den Menschen, die Seele. Der alte beliebte Vergleich, erst er habe die "Perlen", die der "Taucher" Omar vom Meeresgrunde heraufgebracht, auf eine Schnur gezogen, ist durchaus irreführend. Das Ganze lebte in ihm, in aller Mannigfaltigkeit, und aus dem Ganzen heraus schuf er die Teile. Also nicht Freiheiten, die sich der Übersetzer "erlaubte", sondern dichterisches Schaffensprinzip. So ist es selbstverständlich, daß er alle Vierzeiler, die nur

Varianten zu einem Thema bildeten, zu einheitlichen Strophen zusammenziehen mußte. Zu verstehen ist auch, daß er in einzelnen Fällen Reminiszenzen an andere persische Dichter verwertete, und daß ihm anderseits, was eben kein Echo in ihm geweckt hatte, überhaupt entfiel – wie er so kostbar von Nicolas' Übersetzung sagt, sie habe ihn an verschiedene Dinge "erinnert", als er an seiner dritten Fassung arbeitete. Tatsache ist, daß weniger als die Hälfte seiner Strophen direkte Entsprechungen im Persischen haben – etwas ganz Neues war entstanden.

Vor allem erklärt sich so die Anordnung. Denn sie ist nicht logisch. Freilich lassen sich wohl Strophengruppen zusammenfassen, und wenn man will, kann man Überschriften dazu suchen, aber für Genuß und Verständnis ist wenig damit gewonnen. Eher könnte man von einer chronologischen Folge sprechen, denn in den letzten Strophen sehen wir einen Greis vor uns, in den übrigen, d.h. in allen, die vor dem Kusa Nameh, dem "Buch von den Töpfen" stehen, einen Mann auf der Mitte des Lebensweges. Das Thema entwickelt sich musikalisch: Motive tauchen auf, verschwinden vor andern, werden in neuen Tonfarben wiederholt, mit andern verbunden und kontrastiert, vereinfachen sich crescendo bis zu dem grandiosen Schlußakkord unmittelbar vor dem Intermezzo von den Töpfen. Das Finale, erinnerungsvoll, überträgt die Entwicklung des Ganzen in eine rein elegische Tonart. Literarisch gesprochen: wir gleiten von Stimmungen zu Stimmungen, die sich mischen in immer neuen Abtönungen – Trauer, Schwermut, Gram, Versonnenheit, Lebensverachtung, Schalkhaftigkeit, Genügsamkeit, Naturfreude, Laune, Humor, Ironie, Satire, Stolz, Trotz, Empörung, Hilflosigkeit, Verzweiflung, Resignation, Sammlung, Hoheit usw. Und doch formen diese mannigfachen Stimmungen eine Einheit, die Einheit eines Menschen. Immer sehen wir denselben Fitz-Omar, der da sinnt, lehrt, trinkt, sei es allein, sei es mit der Schenkin oder den Freunden. Auch der Ort wechselt: bald sind wir mit dem alten Zecher in der Schenke in der Karawanserei, bald draußen am Saume der Wüste, bald im Garten am Fluß, bald auch in der Stadt. Farbenvolle Bilder des Orients tauchen auf, nicht romantisch gesucht, sondern ganz selbstverständlich, und man spürt die Luft in ihnen wehen.

Das alles ist freilich nur eine Seite dieser Poesien. Die andere ist die intellektuelle. Es schmerzt beinahe, die beiden hier trennen zu müssen. "In nicht vielen Büchern der Menschen", sagt ein englischer Kritiker, "findet sich eine solche Vereinigung der leichten Kampffreude des Epigramms mit der zarten Melancholie eines Liedes". Indes, wie schon einmal angedeutet, der epigrammatische Inhalt, wörtlich genommen, interessiert uns heutzutage weniger. Er bietet nichts Neues; er schließt höchstens ab. Aber hat FitzGerald denn geglaubt, etwa mit Polemiken gegen mohammedanische Theologie Eindruck zu machen? Man merkt bald, daß mit dieser Theologie jegliche dogmatische Erklärung des Daseins ad absurdum geführt werden soll, selbst eine mystische wie die des Sufismus. Und so ist die theologische Einkleidung überhaupt aufzufassen. Niemand kann sich bei uns noch ernstlich mit Allah und dem Kismet auseinandersetzen wollen; wohl aber läßt sich erinnern an die Macht von außer und in uns wirkenden, überstarken Gewalten, ob sie nun Gesellschaft und Wirtschaft heißen oder Vererbung und Milieu, über die wir uns nur zur Not ein wenig erheben können, soweit wir ihrer nämlich bewußt werden. Die orthodoxen Begriffe der Sünde, Reue, Buße, Gnade mögen uns starr und primitiv erscheinen; das Problem der Schuld bleibt in jeder Fassung modern. Eine Theodizee gibt es nicht mehr; die Kosmodizee beschäftigt uns mehr denn je. Dies alles nur andeutungsweise. So sollen uns also nicht eigentlich "Gedanken" geboten werden, die wir getrost nach Hause tragen können, sondern ein Denken, ein Erleben tief beunruhigender Art, ein Durchdrungenwerden von Erkenntnissen, in all ihrer schmerzenden Tiefe, die wohl jedem von uns einmal aufgehen. Der tragische Sinn des Lebens, wie er sich einer Seele qualvoll erschließt, wird Gestalt: ein Mythos offenbart sich. Damit wandelt sich der Name Omar Chajjams von Naischapur zu einem Symbol für den ringenden Menschen überhaupt – wie die Namen Hamlets und Fausts, die ja auch zunächst nur der Geschichte angehörten, sich zu solchen Symbolen gewandelt haben. Und darum übersetzen wir jetzt noch die Rubaijat aus dem Englischen des FitzGerald. Freilich ohne an jener menschlich tief bedeutungsvollen "persischen Anthologie" vorbeizugehen, die ihm als Quelle gedient, die wir aber anders, entweder dilettantisch oder mit historischer Einstellung, genießen müssen.

V.

FitzGerald nennt einmal sein Gedicht "eine epikureische Ekloge in einem persischen Garten". Für den Grundton des Ganzen stimmt diese

Charakterisierung gewiß. Doch muß man erinnern, daß es sich nicht um den rationalistisch determinierten Hedonismus handelt, von dem z.B. die ganze Anakreontik beherrscht ist, sondern um eine Stellung zum Leben, die den gesamten Menschen in seiner dunklen Vielfältigkeit mit einbezieht. Es ist bemerkenswert, daß FitzGerald sich von Horaz, zu seinem eigenen Verwundern, wenig angezogen fühlte. Es gibt nämlich doch ein Motiv in den Rubaijat, das durchaus wörtlich zu nehmen ist: das Motiv der Vergänglichkeit. Warum mutet es uns gerade hier so schwermütig an? Die Sprache, der Vers tun es nicht allein. Denken wir an Nietzsches Wort von der Lust, die "tiefe, tiefe Ewigkeit" will. Auch in FitzGeralds Omar ist eine unendlich quellende, drängende Lebenslust das Ursprüngliche. Er ist ein Mann, der auf seine Jugend als auf etwas Süßes, Zauberhaftes zurückblickt. Aber zum Unglück für ihn sublimierte sich diese Lebenssehnsucht, die Ewigkeit suchte, zu einem faustischen Erkenntnisdrang, der sich mit den üblichen Auskünften der Gelehrten nicht befriedigen ließ. Er wollte Antwort auf die letzten Daseinsfragen, nicht in der Form von Dogmen, sei es wissenschaftlicher, sei es religiöser Art, sondern in Einsichten, die seiner intellektuellen Gesamtstellung entsprachen. So wandte er sich selbst der Forschung zu, um im Immer-weiter-Schreiten des freien, Wahrheit suchenden Geistes die Bestätigung zu finden, die das Gesetz seiner Seele brauchte. Wie Faust in der Osternacht, so ist auch er auf diesem Wege zur Erkenntnis bis hart an den Selbstmord geraten. Erst da kann er endlich gefaßt haben, daß er mit dem Leben das einzige von sich schleudern würde, wodurch Erkennen überhaupt möglich ist. Aber mehr noch, denn nun bricht mit vernichtender Wucht die Frage auf ihn ein: Welchen Sinn hat eine Schöpfung für uns, deren ganze Herrlichkeit wir nicht schauen können, ohne zugleich entdecken zu müssen, daß sie uns auf ewig verloren ist. Der Wunder größtes, das Bewußtsein des Menschen, in dem sich die Welt erst selbst begreift, enthüllt sich ihm als die Quelle tiefsten Leids; die inhärente Grausamkeit des Weltgeschehens, soweit es den Menschen angeht, wird ihm offenbar. So verdrängt das kosmisch-ethische Problem das rein denkerische, das seinerseits aus dem Freude und Schönheit suchenden Urtrieb Omars hervorgegangen war. Ein reiner Nihilismus scheint die allein mögliche Konsequenz, denn die Fragwürdigkeit alles rein vernunftmäßigen Schließens, die Hinfälligkeit aller landläufigen Wertungen, die Vergänglichkeit und fundamentale Nichtigkeit alles Seins, das sind die einzigen Erkenntnisse, die dem Ewigkeitssucher schließlich verbleiben: das Leben — dies Leben, an dem er so sehr gehangen — ist, metaphysisch gesprochen, grundlos und zwecklos.

Eine ganz neue Situation ist entstanden. Die Erkenntnis, wenn sie empfangen hat, so gebiert sie den Tod. Das Unfruchtbare seines innersten, eigensten Sehnens hat alles Wollen, alles Streben, soweit es als Erlösungsprinzip in Betracht kommt, in Omar zum Schweigen gebracht. Was aber Schopenhauer durch Selbstbesinnung und Askese zu erreichen sucht, ergibt sich hier von selbst und sofort aus der Erfahrung, dem allein Möglichen und Gültigen. Abtötung des Willens ist also nicht Zweck, sondern Resultat. Die Folge ist denn auch etwas total Verschiedenes: keinerlei Glückszustand oder gar Heiligung, sondern höchstens eine Entspannung, und damit — ein neues festes Ergreifen des Lebens selbst als des einzig Gegebenen. In restloser Hingabe an dies, an das Da-sein, sucht Omar das Schicksal seiner tragischen Enttäuschung zu verwinden, zu vergessen. Wein ist demnach bei ihm Symbol des Lebens als Strebensverneinung, Trinken Symbol der Hingabe an das so verstandene Leben. Kein Gestern, um daran anzuknüpfen; kein Morgen, um darauf hinzuarbeiten; nichts, was irgend eine Vollendung von der Zukunft erhofft. Der Tag allein existiert, der Tag allein genügt. Er muß genügen. Freilich wird zuletzt auch das Motiv vom "diesseitigen Jenseit" angeschlagen, das die Sehnsucht jedes großen Herzens ist — aber es klingt doch wie ein Notschrei, der die Hilflosigkeit der schicksalsgebundenen Menschheit noch gequälter zum Ausdruck bringt. Bleibt nur das Verhältnis zur Mitwelt, zum Mitmenschen. Altruismus und Egoismus, diese alten spekulativen Gegensätze, verschwinden beide, denn beide sind schließlich auf Zukunft gerichtet, setzen ein Ziel voraus. Gezeigt werden dagegen Gefühle, die an sich zwecklos sind: Freundschaft, Pietät, Ehrfurcht, und zumal das Mitgefühl mit den Leiden anderer, das auf Achtung beruht, indem es in ihrem Schicksal das eigene erkennt, also das Gefühl des Verwandtseins mit allem, was leidet, das Darstellung findet unter dem Bilde der Trauer um die, die das Fest des Lebens schon haben verlassen müssen.

Denn allerdings erscheint das Leben — auf diesem Hintergrunde — als ein Fest. Omar ist ein Genießer. Der Wein, den er trinkt, die dunklen Flechten der geliebten Frau, durch die er die Finger gleiten läßt, die Nachtigall, der Rosenduft, all das ist gewiß auch wörtlich zu verstehen. Das Bild eines Menschen, der nur Mensch ist, würde zerstört, wenn es anders wäre. Und doch läuft diese Philosophie nicht auf ein bloßes

Genußmenschentum hinaus, dessen Basis ja wiederum ein wertendes Streben ist, ein intellektueller Wille zum Genießen — das Kennzeichen des Parvenüs. Omar ist ein ironischer Genießer, einer, der weiß, daß auch der Genuß im tiefsten Grunde wesenlos ist. Das macht ihn aber noch keineswegs zum Epikureer im eigentlichen Sinn, denn nicht für ihn sind Schmerzlosigkeit, Seelenruhe das höchste Gut. Er kennt gar kein höchstes Gut, es sei denn trunken, das heißt: lebendig zu sein. "Hingabe an das Da-sein" bedeutet letzten Endes: das Lebendige erfassen in allem was ist, ob Lust, ob Leid, ohne Geste, ohne Krampf, aber intensiv; das Geringste genießen, als ob es das Höchste wäre, da beides verfliegt; das Letzte aus sich herausholen, um tiefer dadurch zu leben, da wir andern Reichtum nicht haben; entbehren, ja sterben können, da schließlich nicht viel verloren ist und es nun einmal so sein muß; vor allem aber, jede Spekulation über Wesen der Welt und derlei tiefsinnige Fragen gründlich unterdrücken, da das Leben zu kurz und kostbar dafür ist.

Aber Omar selbst kann diese Fragen nicht unterdrücken, das Weltgeheimnis läßt ihn nicht los, und gerade darum wirkt er fort und fort tragisch. Nur einmal dämmert die Ahnung in ihm auf, die er trotzig äußert, daß in der Hingabe an das Leben, d.h. induktiv, auch dessen metaphysischer Sinn zu suchen sei. Daß er hieran schmerzgeblendet vorübergeht, also zu keiner philosophischen Rechtfertigung seiner Anschauungen durchdringt, ist vielleicht das Tragischste in der ganzen Rubaijat-Dichtung. Für uns zugleich das künstlerisch Feinste daran. Man vergleiche jetzt den schalen Optimismus des Horaz, der die Rätlichkeit wohlweisen Lebensgenusses erst verstandesmäßig begründen muß, indem er die Tatsache des Todes einfach hinnimmt; für den das Leben immer noch einen Zweck hat, und sei es nur der, den Erben zu prellen. Omar erlebt zunächst den Zusammenbruch seiner höchsten, heiligsten Hoffnung, und allein seine Seelenstärke bringt es zuwege, auf dem Trümmerfeld noch ein Bankett zu halten.

Denn nun ist noch eins zu betonen: genährt wird diese ganze Stellungnahme heimlich von der ursprünglichen Lebenssehnsucht, die trotz alledem noch immer in Omar schwingt. Er, der ironische Genießer, ist nur möglich durch die Kraft der naiven Lust am Dasein, die am tiefsten in ihm wirkt, gerade wo er sich ganz von ihr verlassen glaubt. Auch er ist "ein Mensch mit seinem Widerspruch" und doch innerlich ganz einheitlich. Für die Interpretation ist dies der letzte Prüfstein: es zeigt endgültig, daß Omars Weltanschauung, so wenig wie irgend eine andere, die den Namen verdient, als etwas Absolutes aufgefaßt werden darf, sondern nur zu denken ist abhängig von dem spezifischen Daseinserlebnis ihres Trägers. Das ist die Probe aufs Exempel, obwohl es zuerst alles Gesagte umzuwerfen scheint. Wenn also Omar in der vorletzten Strophe gleichsam über den Tod hinauslebt, indem er im voraus die Kühle des Abends genießt, an dem er dereinst nicht mehr sein wird, so triumphiert nicht seine Philosophie, sondern der Eigenrhythmus seines Wesens, der derselbe bleibt durch alle Verwandlungen hindurch, wie in jedem großen Menschen.

Man könnte gewiß noch vieles sagen über die Rubaijat, auch anderes, ganz Abweichendes. Hier sind keine Strophenbelege gegeben, gerade weil diese Zeilen nicht zum Studium anregen wollen, sondern zum Genuß. Von jeher hat sich jeder Leser seine eigene Interpretation geschaffen. Wäre es anders, so wäre das Gedicht längst rubriziert und vergessen. Man kann vermissen, daß Omar sich eigentlich nie in praktischem Handeln auswirkt. Aber jede tiefe Auseinandersetzung mit dem Leben ist Tat, und man frage sich, ob Omar als Staatsmann, als Arzt, als Richter zu andern Schlüssen gekommen wäre. Will sagen, schließlich mag man die "Enttäuschung" ebenfalls sinnbildlich nehmen für die eine, tiefe, umwälzende Erfahrung – sie kann durch Jahre gehen – die jeder, der nachdenkt, auch als Handelnder machen wird. Das Wesentliche ist: die Rubaijat sind das Buch eines Mannes ohne überkommene Illusionen. Die einzigen Illusionen, die er kennt, schafft er sich spielerisch selbst, ohne sie innerlich ganz ernst zu nehmen. Es gibt für ihn nichts mehr, was ganz ernst wäre – außer dem Verhängnis des Daseins überhaupt. Ob eine solche Einstellung im Drange des Lebens immer Stich hält, muß jeder selbst erproben. Vielleicht sind für den Verstand des wirkenden Menschen die Rubaijat nur ein süßes Gift; aber es ist nicht jedem gegeben, sich dem zu entziehen, wenn er seine Erfahrungen voll verarbeitet. Und auch nur vielleicht, denn es kommt auf die Durchdringung des eigentlich Gemeinten an. Als ob der alte Perser schon diesen Einwand gegen seine Wahrheit gehört, lesen wir bei ihm den paradoxen Spruch:"Gibt ein Weiser dir Gift, so trink es ohne Furcht; bietet ein Narr dir das Gegengift, gieß es aus."

VI.

Es muß noch etwas vom Verse gesagt werden. FitzGerald selbst hat sein Werk charakterisiert als "eine recht verzweifelte Sache, die unseligerweise jedem Denkenden tief im Herzen sitzt; aber umgeschaffen zu Musik". Ein stolzes Wort dieses Mannes, das aber jeder, der Ohren hat zu hören, bestätigen wird. Eine süße, unsagbar trauervolle Leidenschaft schwingt in diesen Versen, wie etwa in Keats' Oden oder in Hofmannsthals frühen Dichtungen. Danach ist auch Wert oder Unwert jeder Übersetzung letzten Endes zu bemessen, denn sie hat als Medium vor allem FitzGeralds Klangerlebnis nachzuschaffen. Daß das gerade bei dieser Dichtung unbedingt notwendig ist, hat man so ganz bisher wohl nicht erkannt. Bei G.D. Gribble, Leipzig 1907, Arthur Altschul, Dresden 1910, Walter Fränzel, Jena 1913, Paul Tausig, Wien 1917, wird etwas Endgültiges kaum geboten. Im Englischen ist es höchstens Richard LeGallienne wieder gelungen, die magische Fitz-Omar-Melodie zu finden. Versagt auch dies neue Werk in der Beziehung, so muß man einstweilen schon das Original lesen. Dabei mag das Werk immer noch als Kommentar gelten, denn es versucht, die Vorlage so treu wie nur möglich wiederzugeben, auch in Metaphern und Bildern. Nur in vereinzelten Fällen war ein ganz enger Anschluß an das Englische nicht zu erreichen. Das Wünschenswerteste wäre eine Ausgabe mit Gegenüberstellung der beiden Texte, wie es solche für verschiedene andere Sprachen gibt.

Will man weitere Studien machen, so verschaffe man sich irgend einen Abdruck der vierten oder fünften Fassung; die erste, mit nur 75 Strophen, weicht auch im einzelnen oft stark ab. Eine wertvolle Einleitung mit Kommentar enthält die Ausgabe von H.M. Batson und E.D. Ross, New York und London 1900. Omar Chajjam selbst, den historischen, lernt man am besten aus Prosaübersetzungen kennen, von denen im Deutschen leider noch keine vorliegt. Ob eine adäquate deutsche Nachbildung in Versen möglich ist, steht dahin. Am zuverlässigsten und lesbarsten ist ohne Zweifel die von Friedrich Rosen, "Die Sinnsprüche Omars des Zeltmachers", Stuttgart und Berlin, seit 1909 in verschiedenen Ausgaben. Man kann sich aber an J.-B. Nicolas halten, "Les Quatrains de Khèyam", Paris 1867. Eine Übersetzung der Handschrift in der Bodleian Library, mit feinsinniger Einleitung und wertvollem Anhang, bietet Charles Grolleau, "Les Quatrains d'Omar

Khayyam", Paris 1922. Im Englischen sind die Prosaübersetzungen von J.H. McCarthy und von E. Heron-Allen zu nennen, die, wenn sie auch bei Fachleuten nicht als ganz einwandfrei gelten, in verschiedenen Ausgaben durch anregende Beigaben ausgezeichnet sind. Die brauchbarste Einführung in Zeitalter und Gedankenwelt des alten Persers findet man deutsch gleichfalls bei Friedrich Rosen. Bibliographien geben Whinfield, Heron-Allen, Grolleau u.a. Keine ist ganz vollständig. Einigermaßen orientiert der eben genannte Paul Tausig. Zu kritischem Studium sollte man sich zunächst an den Dänen Arthur Christensen wenden, "Recherches sur les Rubaiyat de Omar Hayyam", Heidelberg 1905. Auf den Quellen beruht natürlich auch die Darstellung bei E. G. Browne, "A Literary History of Persia", 2. Bd., London 1906.

Die vorliegende Arbeit stützt sich, was den historischen Omar anlangt, auf Browne, auf Christensen und auf die wichtigsten bei diesen genannten Vorstudien, sowie auf die Zusammenfassungen von R.A. Nicholson, dem großen Kenner des Sufismus, in einer zuletzt 1922 aufgelegten Ausgabe von FitzGeralds Omar. Für FitzGeralds Leben sind die Biographien von Thomas Wright, 2 Bände, London 1904, und A.C. Benson, London 1905, herangezogen worden, ferner "Letters and Literary Remains of Edward FitzGerald", herausgegeben von W. Aldis Wright, und mancherlei Einzelstudien. Die Anmerkungen folgen, was Namen- und Sacherklärung betrifft, im großen ganzen ebenfalls Nicholson. Die Auffassung der Dichtung ist selbständig.

Auf See, den 21. Juni 1926.

H. W. N.

Die Rubaijat

I

Wake! For the Sun, who scatter'd into flight
The Stars before him from the Field of Night,
    Drives Night along with them from Heav'n, and strikes
The Sultán's Turret with a Shaft of Light.

II

Before the phantom of False morning died,
Methought a Voice within the Tavern cried,
    "When all the Temple is prepared within,
"Why nods the drowsy Worshipper outside ? "

III

And, as the Cock crew, those who stood before
The Tavern shouted – "Open then the Door!
    "You know how little while we have to stay,
"And, once departed, may return no more."

IV

Now the New Year reviving old Desires,
The thoughtful Soul to Solitude retires,
    Where the WHITE HAND of Moses on the Bough
Puts out, and Jesus from the Ground suspires.

I

Auf! denn die Sonne, die der Sterne Heer
vom Feld der Nacht getrieben ringsumher,
 treibt nun vom Himmel auch die Nacht und trifft
des Sultans Turm mit ihrem lichten Speer!

II

Eh sich das falsche Dämmerlicht verlief —
mir war, wie wenn es in der Schenke rief:
 "Wo nun der Tempel innen wohl bestellt,
was nickt der Gläubge draußen noch so tief?"

III

Und wie der Hahn dann krähte, kam ein Schrein
vom Schenkentor — "So laßt uns ein zum Wein!
 Ihr wißt, ein Stündlein nur ist uns gegönnt
und brechen auf und kehren nie mehr ein."

IV

Wo neu das junge Jahr die Sehnsucht spannt,
da sucht wer sinnen will das stille Land,
 wo Jesu Odem aus der Erde dringt
und weiß die Zweige sind wie Mosis Hand.

V

Iram indeed is gone with all his Rose,
And Jamshýd's Sev'n-ring'd Cup where no one knows;
    But still a Ruby kindles in the Vine,
And many a Garden by the Water blows.

VI

And David's lips are lockt; but in divine
High-piping Pehleví, with "Wine! Wine! Wine!
    "Red Wine!" — the Nightingale cries to the Rose
That sallow cheek of hers to incarnadine.

VII

Come, fill the Cup, and in the fire of Spring
Your Winter-garment of Repentance fling:
    The Bird of Time has but a little way
To flutter — and the Bird is on the Wing.

VIII

Whether at Naishápúr or Babylon,
Whether the Cup with sweet or bitter run,
    The Wine of Life keeps oozing drop by drop,
The Leaves of Life keep falling one by one.

V

Verhaucht ist freilich Irams Rosenkuß,
und Djamschyds Wunschpokal sucht nur wer muß;
   doch glühen Trauben immer noch im Laub,
und mancher Garten blüht uns noch am Fluß.

VI

Und David ist verstummt; doch nimmermüd
flötet in heilgem Pahlawi ihr Lied
   die Nachtigall der bleichen Rose hin –
"Wein! Wein! Bis dir die Wange purpurn glüht!"

VII

Ja schenk den Wein – in Frühlingsseligkeit
streif ab der Buße winterliches Kleid:
   Auf raschem Fittich fliegt der Vogel Tag,
und eh dus ahnst, ist er schon – ach wie weit!

VIII

Ob Naischapur, ob Babel deine Welt,
ob süß, ob herb was dir der Becher hält –
   gleichviel: der Wein des Lebens tropft und tropft,
das Laub des Lebensbaumes fällt und fällt . .

IX
Each Morn a thousand Roses brings, you say;
Yes, but where leaves the Rose of Yesterday?
    And this first Summer month that brings the Rose
Shall take Jamshýd and Kaikobád away.

X
Well, let it take them! What have we to do
With Kaikobád the Great, or Kaikhosrú?
    Let Zál and Rustum bluster as they will,
Or ʻHátim call to Supper — heed not you.

XI
With me along the strip of Herbage strown
That just divides the desert from the sown,
    Where name of Slave and Sultán is forgot —
And Peace to Mahmúd on his golden Throne!

XII
A Book of Verses underneath the Bough,
a Jug of Wine, a Loaf of Bread — and Thou
    Beside me singing in the Wilderness —
Oh, Wilderness were Paradise enow!

IX

Erblühn auch tausend Rosen übernacht —
wo blühn nun die, die gestern aufgewacht?
    Hat doch der Mond, der uns die Rose bringt,
Djamschyd und Kaikobad den Tod gebracht.

X

Nun, immer weg mit denen! Was fragst du
nach Kaikobad und was nach Kaikhosru?
    Laß Rustem poltern wie er mag, und lädt
auch Hatim dich zu Gast — sag nimmer zu.

XI

Draußen im Gras, das Sand und Saaten trennt,
wo weder Sklaven man noch Sultan kennt,
    da streck dich hin mit mir am Wüstensaum —
und segne Mahmud, der sich Sultan nennt!

XII

Ein Buch der Dichter hier in schattger Ruh,
ein Brot dabei, ein Krug voll Wein, und du
    mit deinem Lied, das durch die Wildnis hallt —
und Wildnis wäre Paradies im Nu.

XIII

Some for the Glories of This World; and some
Sigh for the Prophet's Paradise to come;
    Ah, take the Cash, and let the Credit go,
Nor heed the rumble of a distant Drum!

XIV

Look to the blowing Rose about us — "Lo,
"Laughing," she says, "into the world I blow,
    "At once the silken tassel of my Purse
"Tear, and its Treasure on the Garden throw."

XV

And those who husbanded the Golden grain,
And those who flung it to the winds like Rain,
    Alike to no such aureate Earth are turn'd
As, buried once, Men want dug up again.

XVI

The Worldly Hope men set their Hearts upon
Turns Ashes — or it prospers; and anon,
    Like Snow upon the Desert's dusty Face,
Lighting a little hour or two — is gone.

XIII
Wie mancher wäre Sultan gar zu gern!
Wie mancher hofft aufs Paradies des Herrn..
   Steck du das Bargeld ein, den Wechsel laß,
und halte dich der Kesselpauke fern.

XIV
Schau nur das Blühen rings im Rosenhag:
die Rose spricht — "Ich lache in den Tag!
   Doch meines Beutels Seidenquaste bricht —
und all mein Reichtum weht wohin er mag."

XV
Und wer sein Korn kaum angriff nach Bedarf,
und wers gleich Regen in die Winde warf:
   im Grab ward keiner noch zu goldnem Staub —
nach dem getrost man wieder graben darf.

XVI
Was in der Welt auch dein Verlangen weckt
sieh, es zerrinnt.. und ob es dir auch heckt —
   wie Schnee, der weiß verhüllt der Wüste Staub,
schimmerts ein Stündlein, und ist aufgeleckt.

XVII

Think, in this batter'd Caravanserai
Whose Portals are alternate Night and Day,
   How Sultán after Sultán with his Pomp
Abode his destined Hour, and went his way.

XVIII

They say the Lion and the Lizard keep
The Courts where Jamshýd gloried and drank deep:
   And Bahrám, that great Hunter — the Wild Ass
Stamps o'er his Head, but cannot break his Sleep.

XIX

I sometimes think that never blows so red
The Rose as where some buried Caesar bled;
   That every Hyacinth the Garden wears
Dropt in her Lap from some once lovely Head.

XX

And this reviving Herb whose tender Green
Fledges the River-Lip on which we lean —
   Ah, lean upon it lightly! for who knows
From what once lovely Lip it springs unseen!

XVII
Und denk . . in diese Karawanserei,
ob Nacht, ob Licht das Tor gewesen sei,
　　Sultan auf Sultan kam mit Prunk und Pracht —
und zog davon, war seine Zeit vorbei.

XVIII
Der Löwe, sagt man, und der Eidechs haust,
wo Djamschyd einst in Herrlichkeit geschmaust;
　　wo Bahram ruht, rennt nun der wilde Gur —
und stille liegt des großen Jägers Faust.

XIX
Mich dünkt, die Rosen blühn in tiefrer Glut,
wo einst vergossen eines Cäsars Blut;
　　und Lilien blühn, wo tief im Gartengrund
ein einst wer weiß wie süßes Mädchen ruht . .

XX
Und dieses duftge Grün, das weichbeschwingt
den Saum des Ufers da wir ruhn umringt —
　　O lehne linde hin . . wer weiß wie süß
die Lippe war, der es vielleicht entspringt . .

XXI

Ah, my Belovéd, fill the Cup that clears
TO-DAY of past Regrets and future Fears:
   To-morrow! — Why, To-morrow I may be
Myself with Yesterday's Sev'n thousand Years.

XXII

For some we loved, the loveliest and the best
That from his Vintage rolling Time hath prest,
   Have drunk their Cup a Round or two before,
And one by one crept silently to rest.

XXIII

And we, that now make merry in the Room
They left, and Summer dresses in new bloom,
   Ourselves must we beneath the Couch of Earth
Descend — ourselves to make a Couch — for whom?

XXIV

Ah, make the most of what we yet may spend,
Before we too into the Dust descend;
   Dust into Dust, and under Dust to lie,
Sans Wine, sans Song, sans Singer, and — sans End!

XXI

So schenk den Wein, mein Lieb: Wein klärt den Tag
von Furcht und Gram, was kam und kommen mag!
    Und morgen? — sieh, schon morgen bin ich wohl
wo gestern ich siebtausend Jahre lag.

XXII

Ja die Chajjam als Bestes liebgewann,
was je den Zeiten aus der Kelter rann:
    tranken die Runde einmal oder zwei
um auszuruhn wo niemand wecken kann . .

XXIII

Und wir, die nun das Fest im Raum begehn,
wo Blüten leuchten, die sie nicht mehr sehn:
    müssen ja selbst unter der Erde Pfühl
hinab um selbst ein Pfühl zu sein — für wen?

XXIV

So gib nur hin was hinzugeben ist,
ehe du selbst in Staub gebettet bist:
    Staub du in Staub, zu liegen unter Staub
ohn Wein, ohn Lied, ohn Kuß und — ohne Frist.

XXV

Alike for those who for TO-DAY prepare,
And those that after some TO-MORROW stare,
   A Muezzín from the Tower of Darkness cries,
"Fools! your Reward is neither Here nor There."

XXVI

Why, all the Saints and Sages who discuss'd
Of the Two Worlds so wisely — they are thrust
   Like foolish Prophets forth; their Words to Scorn
Are scatter'd, and their Mouths are stopt with Dust.

XXVII

Myself when young did eagerly frequent
Doctor and Saint, and heard great argument
   About it and about: but evermore
Came out by the same door where in I went.

XXVIII

With them the seed of Wisdom did I sow,
And with mine own hand wrought to make it grow;
   And this was all the Harvest that I reap'd —
"I came like Water, and like Wind I go."

XXV

Ganz gleich für die, die für den Tag nur karrn,
und die, die gläubig auf ein Morgen harrn,
   ruft ein Muezzin von dem Turm der Nacht:
"Kein Lohn für euch – nicht hier noch dort, ihr Narrn!"

XXVI

Sieh, all die Heilgen, die so gottgelahrt
von zweier Welten Rätseln offenbart –
   verworfen sind sie Wahnpropheten gleich,
ihr Wort verstreut, ihr Mund mit Staub verwahrt.

XXVII

Auch ich vor Zeiten lauschte lobesam
den Weisen und den Heilgen, und vernahm
   von "Grund" und "Urgrund": und ging immer noch
zur gleichen Tür hinaus, durch die ich kam.

XXVIII

Sie lehrten mich das Korn der Weisheit sän,
und wachsen macht ichs und in Blüte stehn;
   und diese ganze Ernte bracht ich ein;
"Wie Wasser kam ich, um als Wind zu gehn."

XXIX

Into this Universe, and *Why* not knowing
Nor *Whence*, like Water willy-nilly flowing;
    And out of it, as Wind along the Waste,
I know not *Whither*, willy-nilly blowing.

XXX

What, without asking, hither hurried *Whence*?
And, without asking, *Whither* hurried hence!
    Oh, many a Cup of this forbidden Wine
Must drown the memory of that insolence!

XXXI

Up from Earth's Centre through the Seventh Gate
I rose, and on the Throne of Saturn sate,
    And many a Knot unravel'd by the Road;
But not the Master-knot of Human Fate.

XXXII

There was the Door to which I found no Key;
There was the Veil through which I might not see;
    Some little talk awhile of ME and THEE
There was — and then no more of THEE and ME.

XXIX

Ins All, wie Wasser seinen Lauf beginnt,
weiß nicht woher, warum es quillt und rinnt;
   von dannen, wie der Wind der Steppe weht,
weiß nicht wohin, weht willenlos und blind.

XXX

Wie — ungefragt hierher von wo geschafft,
und ungefragt wohin von hier entrafft?
   Ach schenk den Wein, den unerlaubten Wein,
der diesem schnöden Hohn Vergessen schafft!

XXXI

Vom Grund der Erde durch das siebte Tor
bis zu Saturnus' Thron stieg ich empor;
   entwirrte manchen Knoten unterwegs —
blieb nur der Schicksalsknoten nach wie vor.

XXXII

Da war die Tür, die mir kein Schlüssel zwang,
Der Schleier, den mein Auge nicht durchdrang:
   ein wenig Reden eine Spanne lang
von Ich-und-Du — bis Ich-und-Du verklang ..

XXXIII

Earth could not answer; nor the Seas that mourn
In flowing Purple, of their Lord forlorn;
    Nor rolling Heaven, with all his Signs reveal'd
And hidden by the sleeve of Night and Morn.

XXXIV

Then of the THEE IN ME who works behind
The Veil, I lifted up my hands to find
    A lamp amid the Darkness; and I heard,
As from Without — "THE ME WITHIN THEE BLIND!"

XXXV

Then to the Lip of this poor earthen Urn
I lean'd, the Secret of my Life to learn:
    And Lip to Lip it murmur'd — "While you live,
"Drink! — for, once dead, you never shall return."

XXXVI

I think the Vessel, that with fugitive
Articulation answer'd, once did live,
    And drink; and Ah! the passive Lip I kiss'd,
How many Kisses might it take — and give!

XXXIII

Das Land blieb stumm; und stumm die weite Flut,
die ihren Herrn betrauernd purpurn ruht;
    der rollnde Himmel stumm in Bild um Bild
enthüllt und eingehüllt in Glanz und Glut.

XXXIV

Zum Du-im-Ich, das hinterm Schleier webt,
hub ich die Hand, die man im Dunkeln hebt
    nach Licht zu tasten .. und die Antwort kam:
"Die Augen sind dem Ich-im-Du verklebt!"

XXXV

Da wandt ich mich zu diesem irdnen Krug,
ob der des Rätsels Lösung in sich trug;
    und Lipp an Lippe hört ichs raunen: "Trink ..
einmal nur kehrst du ein — trink, trink genug!"

XXXVI

Und dies Gefäß, das wie in stummer Not
mir Antwort hauchte, war das immer tot?
    Der kalte Mund, den ich geküßt — wer weiß
wie viele Küsse er einst nahm und bot ..

XXXVII

For I remember stopping by the way
To watch a Potter thumping his wet Clay:
    And with its all-obliterated Tongue
It murmur'd — "Gently, Brother, gently, pray!"

XXXVIII

And has not such a Story from of Old
Down Man's successive generations roll'd
    Of such a clod of saturated Earth
Cast by the Maker into Human mould?

XXXIX

And not a drop that from our Cups we throw
For Earth to drink of, but may steal below
    To quench the fire of Anguish in some Eye
There hidden — far beneath, and long ago.

XL

As then the Tulip for her morning sup
Of Heav'nly Vintage from the soil looks up,
    Do you devoutly do the like, till Heav'n
To Earth invert you — like an empty Cup.

XXXVII
So hatt ich einst beim Töpfer haltgemacht:
der stampfte Ton, und schweigend gab ich acht;
    und wie aus halbverquollnem Munde kam
ein Murmeln — "Sacht . . O Bruder Töpfer . . sacht!"

XXXVIII
Und hat sich unter uns von alters her
nicht fort-und-fortgesprochen solche Mär
    von einer Scholle feuchter Erde, die
vom Schöpfer menschengleich gestaltet wär?

XXXIX
Kein Tropfen, den ihr auf den Boden sprengt,
der insgeheim nicht in die Tiefe drängt —
    und kühlt vielleicht ein Auge qualdurchglüht,
das längst der Erde dunkler Schoß umfängt.

XL
Wie denn die Tulpe, die der Garten nährt,
allmorgendlich den Himmelswein begehrt,
    so tu auch du — bis dich der Himmel einst
gleich einem Becher leer zur Erde kehrt!

XLI

Perplext no more with Human or Divine,
To-morrow's tangle to the winds resign,
    And lose your fingers in the tresses of
The Cypress-slender Minister of Wine.

XLII

And if the Wine you drink, the Lip you press,
End in what All begins and ends in — Yes;
    Think then you are TO-DAY what YESTERDAY
You were — TO-MORROW you shall not be less.

XLIII

So when that Angel of the darker Drink
At last shall find you by the river-brink,
    And, offering his Cup, invite your Soul
Forth to your Lips to quaff — you shall not shrink.

XLIV

Why, if the Soul can fling the Dust aside,
And naked on the Air of Heaven ride,
    Were't not a Shame — were't not a Shame for him
In this clay carcase crippled to abide?

XLI
Erlöst vom Streit was Gott und Mensch begrenzt,
vergiß dein Grübeln, ob ein Morgen glänzt:
   und laß die Finger in den Flechten irrn
der zederschlanken Schenkin, die kredenzt . .

XLII
Vergeht im Nichts die Lust – der Kuß, der Wein –
und alles fließt daraus und fließt darein –
   denk, du bist heute was du gestern warst,
sollst darum morgen auch nicht wen'ger sein.

XLIII
Drum wenn des dunklern Engels Angesicht
dich endlich findet, wo man Rosen bricht,
   und seinen Becher bietend deinen Geist
zur Lippe lädt – so trink und schaudre nicht!

XLIV
Ja wenn der Geist den Staub abschütteln kann,
nackt auf den Lüften reiten himmelan,
   wärs da nicht Schmach – ja Schmach! – daß er nicht längst
dem morschen Leichnam hier beschwingt entrann?

XLV

'Tis but a Tent where takes his one day's rest
A Sultán to the realm of Death addrest;
   The Sultán rises, and the dark Ferrásh
Strikes, and prepares it for another Guest.

XLVI

And fear not lest Existence closing your
Account, and mine, should know the like no more;
   The Eternal Sákí from that Bowl has pour'd
Millions of Bubbles like us, and will pour.

XLVII

When You and I behind the Veil are past,
Oh, but the long, long while the World shall last,
   Which of our Coming and Departure heeds
As the Sea's self should heed a pebble-cast.

XLVIII

A Moment's Halt — a momentary taste
Of BEING from the Well amid the Waste —
   And Lo! — the phantom Caravan has reach'd
The NOTHING it set out from — Oh, make haste!

XLV

Ein leichtes Zelt für eines Sultans Rast
auf seiner Fahrt ins Totenreich: in Hast
    erhebt der Sultan sich, der dunkle Wirt
greift zu und rüstets einem andern Gast.

XLVI

Und scheuch die Furcht, wenn deine Rechnung schließt,
daß nimmermehr man derengleichen liest:
    der ewge Schenk gießt Tropfen so wie dich
und mich in Fluten aus, und gießt und gießt . .

XLVII

Wenn hinter dir und mir der Schleier fällt —
wie lange, lange noch steht wohl die Welt,
    die unser Kommen spürt und unser Gehn
so wie das Meer den Stein den du geschnellt.

XLVIII

Ein Stündlein Rast, das uns zur Quelle bringt,
wo aus dem Sande süßes Dasein dringt . .
    schon langt die Geisterkarawane an
im Nichts, von dem sie aufbrach — Trinkt ! O trinkt !

XLIX

Would you that spangle of Existence spend
About THE SECRET — quick about it, Friend!
  A Hair perhaps divides the False and True —
And upon what, prithee, may life depend?

L

A Hair perhaps divides the False and True;
Yes; and a single Alif were the clue —
  Could you but find it — to the Treasure-house,
And peradventure to THE MASTER too;

LI

Whose secret Presence, through Creation's veins
Running Quicksilver-like eludes your pains;
  Taking all shapes from Máh to Máhi; and
They change and perish all — but He remains;

LII

A moment guess'd — then back behind the Fold
Immerst of Darkness round the Drama roll'd
  Which, for the Pastime of Eternity,
He doth Himself contrive, enact, behold.

XLIX
Willst du des Daseins flüchtig Gold vertun
mit Rätselraten, Freund – dann eile nun!
 Ein Haar vielleicht trennt Falsch und Wahr, und sag:
Worauf mag denn das Leben wohl beruhn?

L
Ein Haar vielleicht trennt Falsch und Wahr – ein Haar!
Ein einzig Alif führte dich fürwahr –
 wenns nur zu finden wär – zum Schatzhaus ein,
und wie von ungefähr zum Meister gar!

LI
Der durch die Welt in Urallgegenwart
quecksilbrig rinnend dein Ergreifen narrt –
 in jedem Bild von Mah bis Mahi lebt:
und alle schwinden hin – er nur beharrt!

LII
Ein Blick ins Licht – und wieder weggestaut
in Nacht, die rings das Weltschauspiel umbraut,
 das er zur Kurzweil für die Ewigkeit
erdenkt und mimt und selber auch beschaut.

LIII

But if in vain, down on the stubborn floor
Of Earth, and up to Heav'n's unopening Door,
    You gaze TO-DAY, while You are You — how then
TO-MORROW, You when shall be You no more?

LIV

Waste not your Hour, nor in the vain pursuit
Of This and That endeavour and dispute;
    Better be jocund with the fruitful Grape
Than sadden after none, or bitter, Fruit.

LV

You know, my Friends, with what a brave Carouse
I made a Second Marriage in my house;
    Divorced old barren Reason from my Bed,
And took the Daughter of the Vine to Spouse.

LVI

For "IS" and "IS-NOT" though with Rule and Line
And "UP-AND-DOWN" by Logic I define,
    Of all that one should care to fathom, I
Was never deep in anything but — Wine.

LIII

Suchst du umsonst im harten Erdengrund,
umsonst die Tür im hohen Himmelsrund —
   heut, wo du du noch bist: was, glaubst du, wird
dir morgen, wenn du nicht mehr du bist, kund!

LIV

Nütze dein Stündlein: jag in blinder Flucht
nicht diesem, jenem nach vor Wissenssucht!
   Lieber sei selig mit der Frucht des Weins
denn trüb mit keiner oder bittrer Frucht.

LV

Und wißt ihr, Freunde, noch das Hochzeitsmahl,
das zweite, das ich hielt in meinem Saal?
   Vernunft, die dürre Alte, schickt ich heim —
und nahm der Rebe Tochter zu Gemahl.

LVI

Denn maß ich auch mit Meßstab Sein und Schein,
und klügelte in Hoch und Tief mich ein:
   bei alledem, was zu ergründen lohnt,
tief war ich stets in einem nur — im Wein!

LVII

Ah, but my Computations, People say,
Reduced the Year to better reckoning? — Nay,
   'Twas only striking from the Calendar
Unborn To-morrow, and dead Yesterday.

LVIII

And lately, by the Tavern Door agape,
Came shining through the Dusk an Angel Shape
   Bearing a Vessel on his Shoulder; and
He bid me taste of it; and 'twas — the Grape!

LIX

The Grape that can with Logic absolute
The Two-and-Seventy jarring Sects confute:
   The sovereign Alchemist that in a trice
Life's leaden metal into Gold transmute:

LX

The mighty Mahmúd, Allah-breathing Lord,
That all the misbelieving and black Horde
   Of Fears and Sorrows that infest the Soul
Scatters before him with his whirlwind Sword.

LVII

Doch meine Rechenkunst, die hat das Jahr
von Grund vereinfacht, meint ihr – wärs nur wahr!
   Hab nur gestrichen vom Kalenderblatt
den Tag, der noch nicht ist, und den, der war.

LVIII

Und jüngst am Schenkentor, das drüben gafft,
kam wer durchs Zwielicht, schimmernd, schattenhaft;
   trug auf der Schulter einen Krug und bot
mir draus zu trinken – von der Traube Saft!

LIX

Der Traube Saft, der folgernd unbeirrt
der zweiundsiebzig Sekten Streit entwirrt:
   durch dessen Alchimie, die nie versagt,
des Lebens Blei im Nu zu Golde wird:

LX

Der einem Mahmud gleichend gottdurchglüht
die dunkle Heidenschar, die dein Gemüt
   umlagert – Furcht und Gram und Bitternis –
schlägt, daß sie jäh in alle Winde flieht.

LXI

Why, be this Juice the growth of God, who dare
Blaspheme the twisted tendril as a Snare ?
    A Blessing, we should use it, should we not ?
And if a Curse — why, then, Who set it there ?

LXII

I must abjure the Balm of Life, I must,
Scared by some After-reckoning ta'en on trust,
    Or lured with Hope of some Diviner Drink,
To fill the Cup — when crumbled into Dust !

LXIII

Oh threats of Hell and Hopes of Paradise !
One thing at least is certain — *This* Life flies;
    One thing is certain and the rest is Lies;
The Flower that once has blown for ever dies.

LXIV

Strange, is it not ? that of the myriads who
Before us pass'd the door of Darkness through,
    Not one returns to tell us of the Road,
Which to discover we must travel too.

LXI

Ja wenn von Gott die Rebe stammt, dann sagt,
wer noch als Fallstrick sie zu lästern wagt?
   Ist dieser Trank ein Segen, trinkt ihn aus:
ein Fluch — nun denn, wie kommts, daß er behagt?

LXII

Dem Lebenssaft entsagen soll ich, nicht?
Geschreckt vom Spuk genannt das Weltgericht!
   Oder gelockt von göttlicherem Trunk,
dem Krug verheißen, der schon morgen — bricht!

LXIII

Glaub was du magst, O gläubiges Gemüt —
gewiß ist eins: das Erdenleben flieht;
   gewiß ist eins, betrogen wers nicht sieht:
die Blume, die geblüht hat, ist verblüht.

LXIV

Und seltsam, von dem Volk, das mannigfalt,
vor uns gezogen durch den dunklen Spalt,
   nicht einer kehrt, der uns die Straße weist —
die keiner kennt, bis er sie selber wallt.

LXV

The Revelations of Devout and Learn'd
Who rose before us, and as Prophets burn'd,
    Are all but Stories, which, awoke from Sleep,
They told their comrades, and to Sleep return'd.

LXVI

I sent my Soul through the Invisible,
Some letter of that After-life to spell:
    And by and by my Soul return'd to me,
And answer'd "I Myself am Heav'n and Hell:"

LXVII

Heav'n but the Vision of fulfill'd Desire,
And Hell the Shadow from a Soul on fire,
    Cast on the Darkness into which Ourselves,
So late emerged from, shall so soon expire.

LXVIII

We are no other than a moving row
Of Magic Shadow-shapes that come and go
    Round with the Sun-illumined Lantern held
In Midnight by the Master of the Show;

LXV

Was Fromme auch und Weise uns enthüllt,
die flammend uns gelehrt und gotterfüllt:
    's sind Märchen, die man tauscht vom Schlaf erwacht —
bis Schlaf die müden Zungen wieder stillt.

LXVI

Durchs Ungesehne sandte ich den Geist,
ein Wort zu finden, das das Jenseit weist;
    mit dieser Antwort fand er endlich heim:
"Bin selbst was Himmel und was Hölle heißt!

LXVII

Himmel, ein Traum, wo all dein Sehnen ruht;
Hölle der Schatten, den der Seele Glut
    aufs Dunkel wirft, daraus sie jüngst getaucht —
das bald sie neu umfängt in seiner Hut.

LXVIII

Was anders sind wir als ein flüchtger Tanz
magischer Schattenbilder um den Glanz
    der Sonnenleuchte, die der Meister hält
in Mitternacht zu Scherz und Mummenschanz?

LXIX

But helpless Pieces of the Game He plays
Upon this Chequer-board of Nights and Days;
   Hither and thither moves, and checks, and slays,
And one by one back in the Closet lays.

LXX

The Ball no question makes of Ayes and Noes,
But Here or There as strikes the Player goes;
   And He that toss'd you down into the Field,
He knows about it all — HE knows — HE knows!

LXXI

The Moving Finger writes; and, having writ,
Moves on: nor all your Piety nor Wit
   Shall lure it back to cancel half a Line,
Nor all your Tears wash out a Word of it.

LXXII

And that inverted Bowl they call the Sky,
Whereunder crawling coop'd we live and die,
   Lift not your hands to *It* for help — for It
As impotently moves as you or I.

LXIX
Ein Schachspiel, das den hohen Herrn vergnügt
auf diesem Brett aus Nacht und Licht gefügt;
    darauf er uns bewegt, bedroht und schlägt –
bis alles wieder stumm im Kasten liegt.

LXX
Der Ball spricht nicht "Ich mag nicht" oder "Sei's",
geht rechts, geht links, ganz nach des Schlags Geheiß;
    und er, der dich ins Feld hinunterstieß,
der weiß warum – *der* weiß es – ja DER weiß.

LXXI
Es schreibt die Hand, und schreibt und damit gut.
Weder dein Witz noch all dein Glaubensmut
    ruft sie zurück, daß sie ein Wort nur tilgt –
kein Tüttelchen löscht deiner Tränen Flut.

LXXII
Und diese Schale "Himmel", deren Rand
uns bis wir enden wie ein Pferch umspannt:
    fleh nicht zu der um Rettung auf – sie rollt
gleich dir ohnmächtig in der Allmacht Hand.

LXXIII

With Earth's first Clay They did the Last Man knead,
And there of the Last Harvest sow'd the Seed:
    And the first Morning of Creation wrote
What the Last Dawn of Reckoning shall read.

LXXIV

YESTERDAY *This* Day's Madness did prepare;
TO-MORROW'S Silence, Triumph, or Despair:
    Drink! for you know not whence you came, nor why:
Drink! for you know not why you go, nor where.

LXXV

I tell you this — When, started from the Goal,
Over the flaming shoulders of the Foal
    Of Heav'n Parwín and Mushtarí they flung,
In my predestined Plot of Dust and Soul

LXXVI

The Vine had struck a fibre: which about
If clings my Being — let the Dervish flout;
    Of my Base metal may be filed a Key,
That shall unlock the Door he howls without.

LXXIII
Im Urstoff quoll der Erde letzter Sohn;
gesät ward da zur letzten Ernte schon:
 Wahrlich, der Schöpfung erstes Frührot schrieb
was keiner liest bis zum Posaunenton!

LXXIV
Das Gestern schuf des Tages Narretei –
des Morgens Schweigen, Jubel, Jammerschrei!
 Trink – denn du weißt woher nicht noch wohin,
weißt nicht was Grund, was Zweck der Reise sei . .

LXXV
Und wisse – da vom Ziel zu Anbeginn
über des Feuerfohlens Schultern hin
 Parwin samt Muschtari zum Himmel flog:
da schlug im Geist-Stoff, der ich heute bin

LXXVI
Die Rebe ihre Wurzel – hang ich dran,
so mag der Derwisch höhnen; doch ich kann
 dereinst zum Schlüssel werden zu der Tür,
wo Einlaß all sein Heulen nie gewann.

LXXVII

And this I know: whether the one True Light
Kindle to Love, or Wrath-consume me quite,
   One Flash of It within the Tavern caught
Better than in the Temple lost outright.

LXXVIII

What! out of senseless Nothing to provoke
A conscious Something to resent the yoke
   Of unpermitted Pleasure, under pain
Of Everlasting Penalties, if broke !

LXXIX

What! from his helpless Creature be repaid
Pure Gold for what he lent him dross-allay'd —
   Sue for a Debt he never did contract,
And cannot answer — Oh the sorry trade !

LXXX

Oh Thou, who didst with pitfall and with gin
Beset the Road I was to wander in,
   Thou wilt not with Predestined Evil round
Enmesh, and then impute my Fall to Sin !

LXXVII
Und ob zur Liebe sich das Licht entfacht,
ob michs als Rachestrahl zunichte macht —
 ich weiß, ein Schimmer nur im Schenkendunst
erhascht ist mehr als aller Tempel — Nacht!

LXXVIII
Was! — aus dem Nichts, das schlief, ein waches Was
erstehn zu lassen, das trotz heißem Haß
 sich fügen soll ins Joch verbotner Lust —
bei Höllenstrafen ohne Unterlaß?

LXXIX
Und zahlen soll der Wicht in lauterm Gold
was schlackenhaltig ihm einst zugezollt —
 haftbar für Schulden, die er nie gemacht,
noch decken kann — so nennts doch was ihr wollt!

LXXX
O du, der Strick und Schlinge auf den Pfad,
den ich dann wandeln sollte, reichlich tat:
 verzwickst du mich in vorbestimmte Schuld —
und heißt mich Sünder, weil ich irretrat?

LXXXI

Oh Thou, who Man of baser Earth didst make,
And ev'n with Paradise devise the Snake :
    For all the Sin wherewith the Face of Man
Is blacken'd — Man's forgiveness give — and take !

*   *
*

LXXXII

As under cover of departing Day
Slunk hunger-stricken Ramazán away,
    Once more within the Potter's house alone
I stood, surrounded by the Shapes of Clay.

LXXXIII

Shapes of all Sorts and Sizes, great and small,
That stood along the floor and by the wall;
    And some loquacious Vessels were; and some
Listen'd perhaps, but never talk'd at all.

LXXXIV

Said one among them — "Surely not in vain
"My substance of the common Earth was ta'en
    "And to this Figure moulded, to be broke,
"Or trampled back to shapeless Earth again."

LXXXI
Du, der den Menschen schuf nur Mensch zu sein,
und ließ in Eden dann die Schlange ein:
   für all die Schuld, damit des Menschen Bild
geschwärzt, verzeih ihm . . und laß dir verzeihn.

    *   *
     *

LXXXII
Wie Ramadan im letzten Abendstrahl,
der Hungerleider, sich von dannen stahl,
   war ich beim Töpfer wieder mal allein —
um mich die Tongefäße allzumal.

LXXXIII
Gefäße aller Art, auf Bank und Bord,
und reihten sich auch noch am Boden fort;
   und manche redeten, und andere
die lauschten wohl, doch sprachen sie kein Wort.

LXXXIV
Und eins hub an — "Das glaubt ihr doch wohl nicht,
daß einer Ton aus dieser Erde sticht
   und bildet so wie mich — daß das Gefäß
zu Erde wieder werde, wenn es bricht . ."

LXXXV

Then said a Second — "Ne'er a peevish Boy
"Would break the Bowl from which he drank in joy;
    "And He that with his hand the Vessel made
"Will surely not in after Wrath destroy."

LXXXVI

After a momentary silence spake
Some Vessel of a more ungainly Make;
    "They sneer at me for leaning all awry:
"What! did the Hand then of the Potter shake?"

LXXXVII

Whereat some one of the loquacious Lot —
I think a Súfi pipkin — waxing hot —
    "All this of Pot and Potter — Tell me then,
"Who is the Potter, pray, and who the Pot?"

LXXXVIII

"Why," said another, "Some there are who tell
"Of one who threatens he will toss to Hell
    "The luckless Pots he marr'd in making — Pish!
"He's a Good Fellow, and 'twill all be well."

LXXXV
Ein andrer sprach — "Kein Kind ist so verkehrt
den Krug zu schmähn, den es mit Lust geleert;
   kann wer mit eigner Hand die Schale schuf,
hernach mit Grimm zerschmettern was ihn ehrt?"

LXXXVI
Und erst war alles still .. jedoch es fand
ein Topf das Wort, der mehr nach hinten stand:
   "Bin ein Gespött, wo man mich sieht, bin schief —
so bebt wohl ab und an des Töpfers Hand?"

LXXXVII
Da unterbrach ein redelustger Tropf,
ein Sufikännchen wohl, mit heißem Kopf:
   "Von Topf und Töpfer hör ich traun genug —
so sagt mir doch wer Töpfer ist, wer Topf?"

LXXXVIII
"Ihr wißt", fing einer an, "ihr wißt doch noch
von dem, der droht, er will ins Höllenloch
   die armen Töpfe knalln, die er verpfuscht — —
Ah bah: er hat Gemüt, und gut gehts doch!"

LXXXIX

"Well," murmur'd one, "Let whoso make or buy,
"My Clay with long Oblivion is gone dry:
   "But fill me with the old familiar Juice,
"Methinks I might recover by and by."

XC

So while the Vessels one by one were speaking,
The little Moon look'd in that all were seeking:
   And then they jogg'd each other, "Brother! Brother!
"Now for the Porter's shoulder-knot a-creaking!"

*   *
*

XCI

Ah, with the Grape my fading Life provide,
And wash the Body whence the Life has died,
   And lay me, shrouded in the living Leaf,
By some not unfrequented Garden-side.

XCII

That ev'n my buried Ashes such a snare
Of Vintage shall fling up into the Air
   As not a True-believer passing by
But shall be overtaken unaware.

LXXXIX
Ein Murren kam — "Das macht mir keine Qual . .
ich bin so trocken, mir ist wirklich schal;
   doch füllt mich mit dem altvertrauten Saft —
mich dünkt, vielleicht erhol ich mich noch mal."

XC
So schwatzten sie rundum; und schmal und fein
sah der ersehnte Sichelmond herein:
   da ruckten sie und guckten hoch beglückt —
"Des Riemens Knirrn — das muß der Schaffner sein ! "

*   *
*

XCI
O schafft mir Wein, wenn ich am Sterben bin,
und ists vorbei, wascht meinen Leib darin;
   in grünem Weinlaub dann als Leichentuch
gebt mich wo Menschen gehn dem Garten hin . .

XCII
Auf daß noch meine Asche solchen Duft
vom Rausch der Rebe hauche in die Luft,
   daß jeder Gläubge, der des Weges kommt,
wie unwillkürlich zaudre an der Gruft.

XCIII

Indeed the Idols I have loved so long
Have done my credit in this World much wrong:
   Have drown'd my Glory in a shallow Cup,
And sold my Reputation for a Song.

XCIV

Indeed, indeed, Repentance oft before
I swore — but was I sober when I swore ?
   And then and then came Spring, and Rose-in-hand
My thread-bare Penitence apieces tore.

XCV

And much as Wine has play'd the Infidel,
And robb'd me of my Robe of Honour — Well,
   I wonder often what the Vintners buy
One half so precious as the stuff they sell.

XCVI

Yet Ah, that Spring should vanish with the Rose !
That Youth's sweet-scented manuscript should close !
   The Nightingale that in the branches sang,
Ah whence, and whither flown again, who knows !

XCIII

Zwar meine alten Götter lieb und licht,
bei meinen Nachbarn halfen sie mir nicht:
    im flachen Krug ertränkt ich meinen Ruf
und gab mein Ansehn hin für ein Gedicht.

XCIV

Hab wohl auch Reue oft genug bekannt –
doch war ich nüchtern, wenn mich Reue fand?
    Und immer wieder kam der Frühling und
in Stücke ging mein schäbig Bußgewand.

XCV

Und hat der Wein mir schnöde auch gelohnt
und nicht einmal mein Ehrenkleid verschont –
    mich wundert oft: Was tauscht der Winzer ein,
was seiner Ware ihn nur halb entlohnt!

XCVI

Ach daß mit Mai und Rosen wundersam
der Jugend Zauberbuch sein Ende nahm;
    die Nachtigall, die in den Zweigen sang,
entfloh, wer weiß woher – wohin sie kam . .

XCVII

Would but the Desert of the Fountain yield
One glimpse — if dimly, yet indeed, reveal'd,
    To which the fainting Traveller might spring,
As springs the trampled herbage of the field!

XCVIII

Would but some wingéd Angel ere too late
Arrest the yet unfolded Roll of Fate,
    And make the stern Recorder otherwise
Enregister, or quite obliterate!

XCIX

Ah Love! could you and I with Him conspire
To grasp this sorry Scheme of Things entire,
    Would not we shatter it to bits — and then
Re-mould it nearer to the Heart's Desire!

* *
*

C

Yon rising Moon that looks for us again —
How oft hereafter will she wax and wane;
    How oft herafter rising look for us
Through this same Garden — and for *one* in vain!

XCVII
Ja wenn die Wüste einen Schimmer nur
uns schenkte, der uns lenkte auf die Spur
   des Quells, zu dem der Wandrer schmachtend springt,
wie Gras aufspringt zertreten auf der Flur!

XCVIII
Ja wollte nur ein Engel hoch und hehr,
eh es zu spät, den grimmen Schreiber, der
   das Schicksalsbuch umblättert, andern Spruch
einzeichnen machen — oder keinen mehr!

XCIX
Ach könnten wir, mein Lieb, mit Gotteskraft
packen das All, das in-und-außen klafft:
   zerschmettern täten wirs, und aus dem Schutt
ganz neu aufbaun — wie es die Sehnsucht schafft.

    *   *
     *

C
Der Mond, den wir noch einmal steigen sehn —
wie oft noch wird er wachsen und vergehn;
   wie oft noch abends steigend diesen Hain
nach dir und mir, und mir umsonst durchspähn..

CI

And when like her, oh Sákí, you shall pass
Among the Guests Star-scatter'd on the Grass,
   And in your joyous errand reach the spot
Where I made One – turn down an empty Glass!

TAMAM

CI

Und wandelst du mein Mundschenk dann so schlank
schimmernden Angesichts zu heiterm Dank
  über den Rasen hin von Gast zu Gast –
Gieß einen Becher aus, wo ich einst trank!

TAMAM

Erläuterungen

II. "Das falsche Dämmerlicht" — eine Lichterscheinung am östlichen Horizonte, etwa eine Stunde vor dem wirklichen Tagesanbruch, nach der es wieder ganz dunkel wird; im Orient wohlbekannt.

IV. "Das junge Jahr" — beginnt in Persien mit der Frühlings-Tagundnachtgleiche. "Jesu Odem" — bewirkt nach altem orientalischem Glauben die Wiederbelebung der Natur. "Wie Mosis Hand" — d.h. wie Schnee, denn so zog Moses dem Koran zufolge (VII. 105 und XXVI. 32) seine Hand aus dem Busen (vgl. 2. Buch Mosis IV. 6).

V. "Iram" — sagenhafte Stadt in Arabien, von Rosen überwuchert; jetzt im Sande begraben. "Djamschyd" — mythischer König von Persien, soll Persepolis gegründet haben; der erste Weinbauer und ein großer Zecher. Seinen siebenringigen "Wunschpokal", der magische Eigenschaften hatte (z.b. konnte man Vergangenheit und Zukunft darin schauen), hat man den heiligen Gral des Orients genannt — den niemand mehr findet.

VI. "David" — als Psalmendichter. "Pahlawi", Pehlewi — eigentlich das sog. Mittelpersische der Sassanidenzeit (226–651), bedeutet aber bei den Persern irgend eine archaische Form der Sprache, die man nicht mehr versteht (z.B. auch die der heiligen Zarathustrischen Bücher); die Dichter sagen daher, die Nachtigall sänge in solchen Lauten.

VIII. "Naischapur" — Omars Geburtsort; hier, obwohl an sich damals bedeutend genug, im Gegensatz zu Babel, d.h. der Weltstadt Bagdad.

IX. "Kaikobad" — sagenhafter König von Persien, Begründer der Kajaniden-Dynastie, vor Cyrus. "Djamschyd" — vgl. zu Str. V.

X. "Kaikhosru" – vielleicht Cyrus, vielleicht ebenfalls ein Kajanide; kaum der Sassanide Chosroës II. (590–628). "Rustem" – der persische Herakles oder Achilleus, das Vorbild der heranwachsenden Jugend (vgl. zu all diesen Namen Firdusis "Schach-Nameh"). "Hatim" – ein vorislamitischer Scheich, dessen Gastlichkeit im Orient sprichwörtlich ist.

XI. "Mahmud" – der Ghasnawide (997–1030), berühmt durch seine indischen Feldzüge (vgl. zu Str. LX); er selber war der Sohn eines Sklaven.

XIII. "Kesselpauke" – FitzGerald sagt einfach "drum"; er meint ohne Zweifel die Pauke am Tor des Palastes als Wahrzeichen weltlicher Herrschaft (vgl. z.B. Hughes, "Dictionary of Islam", London 1895, S. 618 b; auch F. Rosen, "Die Sinnsprüche Omars des Zeltmachers", 5. Aufl., Leipzig 1922, Anm. zu Str. 19).

XVIII. "Djamschyd" – vgl. zu Str. V. "Bahram" – mit Beinamen "der Gur", einer der Sassaniden (420–438); er liebte die Jagd auf den Gur, den wilden Esel (vgl. u.a. bei Sven Hedin), und soll auf einer solchen Jagd das Leben verloren haben.

XXXI. "Saturnus" – nach der ptolemäischen Auffassung des Himmelsgewölbes die äußerste Sphäre.

XXXII. Sufische Auffassung liegt zugrunde, nach der der Schleier der Erscheinungswelt uns an der Erkenntnis der einen wahren Gottheit verhindert, die mit dem All identisch ist; der so entstehende Dualismus wäre demnach nur scheinbar (vgl. z.B. Goldziher, "Vorlesungen über den Islam", 1910, S. 156). Bei FitzGerald wird mit alledem aber einfach das Problem des Todes, d.h. der letzten Bestimmung des Menschen ausgedrückt.

XXXIII. "Purpurn" – wie bei Homer Farbe des Meeres, in Persien Trauerfarbe. Das Meer trauert um einen, den es auf ewig verloren hat, Gott. Nach orientalischem Glauben sind die See und alle ihre Bewohner der Gottheit nicht teilhaftig.

XXXIX. Nach der Sunna spürt der Tote Schmerz wie ein Lebendiger (vgl. Hughes, aaO. unter "Grave" und "Burning of the Dead", vgl. auch "Jewish Encyclopedia", IV, 484). Auch Str. XX ist so zu verstehen und vor allem Str. CI. Immer wieder braucht FitzGerald diese Auffassung, die die Idee der Vergänglichkeit schöner und schärfer betont als die Annahme gänzlichen Absterbens des Gefühlslebens. Das so ausgedrückte mystische Mitgefühl mit den Toten steht symbolisch für Mitgefühl überhaupt (vgl. Einführung V).

L. "Alif" — der erste Buchstabe des arabisch-persischen Alphabets mit dem Zahlenwert eins und von mystischer Bedeutung, zumal auch für den Sufi, der demnach hier verspottet wird; an Gestalt wie das deutsche "lange" s einem Haar ähnelnd oder auch einem Schlüssel.

LI. "Von Mah bis Mahi" — vom Mond zum Fisch, d.h. im ganzen Weltall (sprichwörtlich); nach mohammedanischem Glauben ruht die Erde auf einem Stier, der Stier steht auf einem Fisch, der Fisch schwimmt im Weltmeer.

LVII. Scherzhafte Anspielung Omars auf seine Kalenderreform (vgl. Einführung I).

LIX. "Zweiundsiebzig Sekten" — bei Mitzählung der einen rechtgläubigen sogar dreiundsiebzig, in die nämlich nach einer Prophezeiung Mohammeds der Islam zerfallen sollte.

LX. "Mahmud" — der schon in Str. XI genannte Überwinder Indiens; Anspielung auf die dunkelfarbigen, nichtmohammedanischen Hindus.

LXVIII. Anspielung auf eine primitive Laterna magica des Orients: ein durchscheinender, mit Menschen und Tieren bemalter Zylinder rotiert um eine darin angezündete Kerze, die den bewegenden Luftstrom selbst hervorbringt.

LXX. Das Bild ist von dem ursprünglich persischen Polospiel genommen.

LXXV. "Vom Ziel" – also im Kreislauf. Unter dem "Feuerfohlen" verstehen einige das Sternbild des Pegasus, andere die Sonne. Mit "Parwin", eigentlich dem Sternbild des Taurus, sind hier die Plejaden gemeint, also das Siebengestirn im Nacken des Stiers. "Muschtari" ist der Jupiter.

LXXVII. "Das Licht" – im prägnanten Sinne die Gottheit.

LXXXII. Die folgenden neun Strophen bilden das "Kusa Nameh", das Buch von den Töpfen, eine Satire auf das müßige Philosophieren im "Ramadan", dem Fastenmonat, die Omars Stellung zu Metaphysik und Leben noch einmal unterstreicht.

LXXXVII. Der Sufismus ist ein pantheistischer Mystizismus innerhalb des Islams (vgl. Einführung II und zu Str. XXXII); der Sufi leugnet also, wie Plotinos in seiner Emanationslehre, den Wesensunterschied von Schöpfer und Geschöpf.

XC. Wie der Tag, so beginnt natürlich auch der neue Monat am Abend, und zwar sowie die neue Mondsichel zu erblicken ist; ein großes Fest (das Bairamfest) hebt dann an, zu dem nun die Krüge und Töpfe herbeigeholt werden.

CI. Vgl. zu Str. XXXIX.

"Tamam" – das Ende.

FitzGerald und Nordmeyer
Nachwort von Heinrich Meyer

1.

FitzGerald ist der englische Dichter des neunzehnten Jahrhunderts, der am meisten gelesen und zitiert wurde und noch immer mit vielen Zitaten in aller Munde ist. Es gab eine Browning-Mode, die wieder verschwand; man hat den *Shropshire Lad* von Housman viel gelesen, später dann einiges von Rupert Brooke und Francis Thompson, aber erst die neuere Dichtungsbewegung mit Pound und Eliot hat wieder so weite Wirkung gehabt wie vorher FitzGerald. Nimmt man die amerikanischen Dichter und Reimer hinzu, so verändert sich das Bild etwas, ebenso wenn man die irischen mitbedenkt, deren Ton ja ganz anders ist als der englische, der vielleicht dem Besten von Mörike am nächsten kommt, während das irische Dichten mehr nach Art Brentanos und Victor Hugos auf Klangwirkung um ihrer selbst willen ausgeht und daher leicht wie Macphersons Ossian oder Storms *Immensee* in Stimmungsmache ausläuft. FitzGerald ist einzigartig darin, dass er trotz der irischen Herkunft ein englischer Dichter ist, der die Finesse und Ehrlichkeit englischer Dichtersprache mit keltischem Musikgefühl vereint und daher Schönheiten erreicht, wie sie sonst nur im siebzehnten Jahrhundert und vereinzelt da und dort vorkamen. Bei ihm erscheinen sie in allen seinen Versen, die allesamt Übertragungen oder Bearbeitungen darstellen. Die Vollendung in der Hingabe an einen andern scheint ihm die Befriedigung gewährt zu haben, die andere im Selbstausdruck suchen und offenbar finden. Es ist also eine Begabung wie die des grossen Musikers, der die von einem grossen Komponisten geschaffenen Werke tatsächlich erst verwirklicht. FitzGerald ist sozusagen der Casals der englischen Dichtung.

Nordmeyer gehört einer späteren Generation an. Geboren 1891 in Magdeburg, zog er vor dem Krieg nach Amerika, wo er mit kurzen Unterbrechungen Deutsch lehrte, zuletzt als Leiter der Abteilung an der Universität Michigan. Er kam zufällig auf FitzGerald zu sprechen, weil er Prachtausgaben von ihm bemerkt hatte und ihn als junger Deutscher natürlich nicht kannte, sich also darüber leicht lustig machen zu müssen meinte. Da sagte ihm Ludwig Lewisohn, der damals als Dichter etwa so dastand wie später Graves oder Auden und der auch als Literarhistoriker und Romanschriftsteller angesehen war, etwa wie Stefan Zweig, da sagte ihm dieser Mann: "Aber Nordmeyer, Omar ist grosse Dichtung!" Und darauf kaufte sich Nordmeyer eine Ausgabe im Westentaschenformat und trug sie mit sich herum, um da und dort einen der Vierzeiler zu übersetzen. Das ging mehrere Jahre so, und es ist bezeichnend, dass FitzGerald auf eben diese Weise auch seine Übersetzung aus dem Persischen gemacht hatte. Nach vier, fünf Jahren war das ganze Buch übersetzt, und inzwischen ist es von ihm immer wieder einmal da und dort verbessert worden. Die erste Auflage erschien als signierte Ausgabe von 300 Exemplaren im Jahr 1926 bei Kiepenheuer in Potsdam.

Es gibt Dutzende von Übertragungen des Omar aus dem Urtext und aus französischen und englischen Übersetzungen, mindestens ein bis anderthalb Dutzend nach FitzGerald allein. Wir zitieren aus ihnen später ein paar Beispiele. Zeitweise las man in den Familienzeitschriften über Omar Chajjam, dann kamen die Iranisten mit ihren Arbeiten, von denen die Rosenschen am bekanntesten wurden und mehrfach aufgelegt sind, von denen die von Rempis sich durch besondere Hingabe an den Perser auszeichnen. Aber von allen diesen ist nur Nordmeyer wirklich zureichend. Und daher wollen wir ihn in dieser Reihe bringen. Denn diese Parallelausgabe könnte z.B. in englischen Seminaren ausgezeichnet verwendet werden, um die Feinheiten des englischen Dichtens an Hand einer kongenialen Übertragung zu studieren. Man stelle sich nur vor, dass um die Zeit, als Nordmeyer übersetzte, Hermann Hesse in den Anthologien mit Versen wie diesen stand:

> Biegt sich in berauschter Nacht
> Mir entgegen Wald und Ferne,
> Atm' ich Blau und kühle Sterne
> Und der Träume wunde Pracht,
> O dann liegt die trunkne Welt
> Wie ein Weib an meinem Herzen,
> Lodert in verzückten Schmerzen,
> Deren Schrei betörend gellt.

Diese Art Mache, die einen Heimweg im Rausch alsbald in ein Gedicht ausschlachtet, wo es nur so gellt, lodert und wund betört, schien damals noch beinah genial. Nordmeyer hat es also ausnehmend gut verstanden, diese Art Versifizierung – von Dichtung ist ja nicht die Rede, auch später nicht, als Hesse mit mehr Geschmack vorging – zu vermeiden.

Und er hat sich so in den Engländer eingefühlt, dass dessen Dichtung unverfälscht wiedergegeben wird.

Nie hat Nordmeyer um des Reimes willen oder aus andern Gründen etwas stehen lassen, was missglückt heissen könnte. Die Satzstellung ist nirgends vergewaltigt, Flickwörter werden nicht benötigt, und wenn auch manche Worte inzwischen blasser geworden sind, als sie Nordmeyer um 1920 erschienen, so ist es für mich doch sehr überraschend gewesen zu entdecken, dass die paar Fälle nahezu verschwinden: "süsses Mädchen", "holdes Mädchen", "liebes Mädchen" sind etwa drei Möglichkeiten für eine Stelle. Welche würden wir wohl wählen, wenn wir dem heutigen Sprachempfinden folgen? Welche der drei würde wohl die Stilwandlungen überdauern und in fünfzig Jahren noch ebenso als richtige Übersetzung gelten können?

Die unten anzuführenden Belege aus Rosen, Rempis und andern Übersetzern aus dem Urtext werden hinreichend dartun, dass auch sie alle durch den Omar von FitzGerald bestimmt wurden. Er hat das Bild geschaffen, wie es Nordmeyer in seinem Vorwort dann wieder persönlich sich anverwandelt hat, den grossen Dichter, der hinter die Worte schaut und daher die Wirklichkeit anders als die Dogmatiker und Legalisten, die Theologen und Praktiker begreift; den Zuschauer, der weiss, dass man mit dem besten Willen nicht viel ändern wird, wenn die Dinge einmal ihren Lauf genommen haben. Wir können sie nicht aufhalten, und selbst ein Regierungshaupt ist nur ein Mensch, dessen Entscheidungen am Ende in Nichts zerfallen. Omar hat in Zeiten gelebt, in denen ältere Freiheiten noch lebendig waren, aber unter dem Dogmatismus der unschöpferischen Mohammedaner erstickt wurden. Er vertrat noch die Tradition von den Griechen her, die durch die Perser ins Arabische übertragen wurde und damit dann auf den Westen wirken konnte. Und daher mag es wohl so scheinen, als habe Omar für alle Zeiten gedichtet; denn immer wieder haben sich die Nachdenklichen in ihm wiedergefunden. Doch ist zu bedenken, dass FitzGerald es war, der aus der Fülle des Überlieferten seine Auswahl traf und dabei auch manches grundsätzlich änderte, vor allem aber alles in einen inneren Zusammenhang, sozusagen einen Zyklus wie die Sonette der Renaissancedichter oder die Sammlungen von Tibull oder Horaz, brachte. Er hat also die persische Witzeleidichtung mit ihren Anspielungen und Formalismen, das was Gesellschaftsdichtung ja auch damals in Island bei den Skalden bezeichnete, modernisiert und dadurch erst verständlich gemacht.

Wir werden Beispiele geben, aus denen man sieht, wie erst durch die schöne Übersetzung etwas, was an sich kaum begreiflich ist, für uns zum Gedicht werden kann. Ein Picknick mit Lammsbraten ist für uns nicht das höchste der Gefühle, und ein Tulpenbeet erinnert uns nicht an einen Platz, wo Blut geflossen ist, und ein Schönheitspflästerchen wird bei uns kaum je zu einem Veilchen werden, das uns an die verstorbene Prachtfrau unterm Rasen erinnert. FitzGerald hat Zeilenfluss, Enjambement, Alliteration, Reim, Rhythmik, Sprachklänge, Pausen, das Bilderspiel und das Zusammenwirken von Sinnbetonung und Metrik souverän beherrscht und damit eben unvergängliche Verse geschaffen, die nun für immer mit Omar verbunden bleiben.

Eines der berühmtesten Rubaijat heisst:

> A Book of Verses underneath the Bough,
> A jug of Wine, a Loaf of Bread – and Thou
>   Beside me singing in the Wilderness –
> Oh, Wilderness were Paradise enow.

Vergleicht man damit eine frühere Fassung, dann erkennt man leicht, wie FitzGerald vorging. Zuerst hatte er nach dem persischen Muster nur aufgezählt:

> Here with a Loaf of Bread beneath the Bough,
> A Flask of Wine, a Book of Verse – and Thou
>   Beside me singing in the Wilderness –
> And Wilderness is Paradise enow.

Indem er später das Buch mit Versen voranstellt und damit die Szene des Materiellen entkleidet, ja Wein und Brot zur Nebensache macht, gewinnt er für die zweite Zeile noch die Steigerung, die auch durch den Zeilenfluss (nach kurzer Pause, die ja der Reim betont) bestimmt wird, weil nun das Du, das neben mir in der Wildnis singt, *zwei* Zeilen füllt und damit zur Hauptsache wird. In der letzten Zeile ändert er das *Is* zu *Were* und gewinnt damit erst recht noch eine seelische Dimension, die das Bild zum Wunschbild macht. Die herausgrellende *Flask* wird durch das tieftonigere *jug* auch noch klanglich reduziert, wogegen *Book* und *Bough* durch Alliteration in der ersten Zeile gehoben sind. Es liesse sich noch viel mehr nachweisen, aber das genügt, um zu zeigen, wie FitzGerald ein Bild des Dichters schafft, das sich einprägt, wogegen das persische Original uns da im Unklaren lässt.

Es gibt zwei Traditionen des Gedichts. Verschiedene Gelehrte bewerten sie verschieden und interpretieren sie noch unterschiedlicher, je nachdem ob sie das *Du* auf einen Freund oder eine Freundin beziehen. Arberry meint, es sei ein junger Mann – das Persische unterscheidet nicht zwischen *dem* und *der* Geliebten – Rosen denkt an ein Mädchen, das der alte Gelehrte ansingt, so wie er für sie vielleicht einen seiner Traktate geschrieben haben könnte, in dem wenig Arabisches vorkommt. Graves, der mit Hilfe eines persischen Gewährsmanns übersetzte, besteht darauf, dass es sich um einen andern Philosophen handle; denn es gehe gar nicht um Genuss. Dem widerspricht nun eine andre Fassung des Gedichts, die natürlich ebenso Omar zugeschrieben wird und die z.B. Arberry für die richtige hält. Doch widerspräche diese Version wohl dem Philosophengespräch, da es sich offenbar um ein Picknick handeln müsste, wobei Diener und Köche dazu gehören, weil ein Lammsbraten serviert wird und man zudem etwas wie acht Liter Wein mitnimmt. Arberry übersetzt diese Version wie folgt:

If hand should give of the pith of wheat a loaf,
and of wine a two-maunder (jug), of a sheep a thigh,
with a little sweetheart seated in a desolation,
a pleasure it is that is not the attainment of any Sultan.

Das persische Wort für *Desolation* (virani) ist da zum Verständnis nötig. Denn wenn es sich, wie vermutlich, um eine Ruinenstätte handelt, dann läge der Ton ja auf dem vollsten sinnlichen Geniessen über einem vielleicht von Krieg oder Unwetter zerstörten früher bewohnten Platz; Leben über den Ruinen, Genuss über den Toten.

Rosen, der bekannte deutsche Diplomat, dessen Memoiren erst noch vor kurzem durch einen verloren geglaubten Band vervollständigt wurden, hat Omar zuerst in Deutschland weiter bekannt gemacht und in mehrfach verbesserten Auflagen (bis zu der Auswahl als Inselbuch) das deutsche Omarbild bestimmt. In seiner englischen Ausgabe gibt er die folgende Übertragung des gleichen Vierzeilers:

If you have a loaf made from the marrow of wheat,
Of wine two gallons and of lamb a joint,
And if you are sitting in the wilderness with one whose face is
  beautiful like the moon,
That would be bliss not attainable by a Sultan.

Rempis, heute der führende deutsche Omarforscher, nimmt die andere Fassung und gibt die folgende Prosaübersetzung:

> Ein Krüglein rubinroten Weines will ich und ein Liederbuch,
> des Lebens Notdurft braucht es und ein halbes Brot,
> Und wenn dann ich und du in einer Wildnis sitzen,
> mag's lieblicher als eines Sultans Herrschaft sein.

Robert Graves sagt es so:

> A gourd of red wine and a sheaf of poems –
> A bare subsistence, half a loaf, not more –
> Supplied us two alone on the free desert:
> What Sultan could we envy on his throne?

von der Porten hat beide Versionen in Versen übersetzt:

> Ja einen Schlauch voll Wein uns zu beglücken,
> Ein Weizenbrot und einen Hammelrücken,
> Und du und ich in stiller Einsamkeit,
> Wär Lust selbst einen Sultan zu entzücken.

und:

> Ein Buch mit Versen und ein wenig Wein,
> Ein halbes Brot und dann mit dir allein
> Zusammen dort in tiefverschwiegner Wildnis
> Ist besser als des Landes Schah zu sein.

Es ist amüsant zu bemerken, wie der Ton je nach dem Übersetzer wechselt, auch wo er "wörtlich" und in Prosa übersetzt, wie aber sichtlich das Alleinsein mit der Geliebten irgendwie in das westliche Empfinden eindringt, sei es, dass man die Einsamkeit, Wildnis, *desolation* oder sonst einen Anlass dazu nimmt, um diese erotische Tönung zu geben. Es ist auch gesagt worden, dass kein Perser ein wertvolles Manuskript mit hinausnähme, wogegen wieder andere Perser sagen, gerade das würde geschehen, wenn man daraus ein Gesellschaftsspiel machen wollte, indem man aufs Geratewohl das Buch ansticht und dann das getroffene Wort als Orakel erklärt. Aber selbst Arberry, der einen jungen Mann bei dem Dichter sieht, reimt fröhlich drauflos, in der gesprächigen Professorenart englischer Universitätsübersetzer:

> These simple things if they be mine —
> A loaf of purest heart of wheat,
> A thigh of lamb to be my meat,
> For thirst a flagon of good wine:
>
> And if, to cheer my wilderness,
> A maid refusing not my kiss,
> That were a life of perfect bliss
> No sceptred Sultan can possess.

Poetisch ist das allerdings nicht, ganz abgesehen von den Füllseln und falschen Tönen ("to be my meat", "my wilderness", "refusing not my kiss"). Aber warum er eine "maid" will, wenn er meint, es sei ein hübscher Junge, ist ebenso unbegreiflich. Man merkt aber bei allem, wie die *wilderness* von FitzGerald und sein Du, das neben ihm singt, nachwirkt. Bei von der Porten stört natürlich ausserdem das "mit dir allein", das übrigens schon in Rosens deutscher Versübersetzung steht, wo es zudem unglücklicherweise an Uhland–Mendelssohn erinnert:

> Das ist der Tag des Herrn!
> Ich bin allein auf weiter Flur.
> Noch eine Morgenglocke nur,
> Nun Stille nah und fern.

Es wird mitunter etwas anders gedruckt, aber das "allein auf weiter Flur" prägt sich natürlich ein, sodass es einen stört, wenn man nun hier findet:

> Ein Liederbuch, ein Brot, ein irdner Krug voll Wein,
> Vom Lamm ein Schenkelstück – und dann so ganz allein
> In weiter Flur mit dir, du tulpenwang'ge Maid,
> Ein Sultan möchte wohl an meiner Stelle sein.

Rempis übernimmt die Reime aus der einen Version, das "allein auf weiter Flur" aus einer andern und kombiniert es so:

> Ein Buch mit Liedern, das uns hoch beglückt,
> dazu ein Krug mit Wein, der uns entzückt.
> und du allein bei mir in weiter Flur –
> ist mehr als was selbst Könige berückt.

Während von der Porten *beglücken* und *entzücken* brauchte, um einen Reim auf den *Hammelrücken* zu haben, den er merkwürdigerweise statt des zarten Lammschlegels einsetzte, stören hier nicht nur die drei Indikative, *beglückt, entzückt* und *berückt,* klanglich mehr als nötig, sie sind auch recht unpassend. Nur ein Bibliophil wird durch ein Buch mit Liedern "beglückt", andere vielleicht durch ein Lied; aber kaum jemand wird von einem Krug mit Wein "entzückt" sein und die letzte, ausnehmend unbeholfene Zeile, "ist mehr als was selbst Könige berückt", passt überhaupt nicht mehr; denn was soll da von Berückung geredet werden?

Vergleicht man nun etwa Rempis nicht mit andern Übersetzern, sondern mit seiner eignen Prosaversion, dann ist es deutlich, wie stark auch seine Versfassung durch das Vorbild von FitzGerald bestimmt war. In andern Fällen lässt sich das noch viel deutlicher zeigen, weil er da die Wortgebung und die Reime von Nordmeyer einfach übernimmt.

Wie hat nun Nordmeyer es übertragen? Es gelang ihm keineswegs aufs erste Mal. Zuerst schrieb er:

Ein Versebuch unter der Zweige Dach,
Ein Brotlaib und ein Krug voll Wein und – ach –
du und dein Lied, das durch die Wildnis hallt:
und keinem Paradiese frag ich nach.

Unter der Zweige Dach ist gut für *underneath the Bough*; aber ach, das *ach* passt nicht. Ganz abgesehen davon, dass die rhythmische Linie von FitzGerald, der Zeilenfluss mit der sprechenden Pause verschwunden ist. Also probiert er weiter:

Mit einem Versebuch im Schatten hier
der Zweige und mit Brot und Wein und dir
und deinem Lied, das durch die Wildnis hallt –
zum Paradiese wird die Wildnis mir.

Die gute dritte Zeile bleibt, wie man sieht; aber die Aufzählung "mit Brot und Wein und dir" erinnert doch unangenehm an "deutsche Frauen, deutsche Treue, deutschen Wein und deutschen Sang", weil das rechte Niveau im Seelischen nicht erreicht ist. Und so war er wiederum nicht zufrieden, bis er auf die letzte Fassung geriet:

Ein Buch der Dichter hier in schattger Ruh,
ein Brot dabei, ein Krug voll Wein, und du
mit deinem Lied, das durch die Wildnis hallt –
und Wildnis wäre Paradies im Nu.

Nun passt es, man sitzt im Schatten, man ist unbefangen, weshalb das Lied auch durch die Wildnis hallt – nichts da von *ganz allein,* als habe man sich von andern zurückgezogen; man ist vergnügt und denkt gar nicht an die andern, und der Schwung des englischen Gedichts ist zwar auch inhaltlich verdeutscht, weil *underneath the bough* nun zum Ausruhen im Schatten wurde, aber klanglich nicht gestört, weil der Rhythmus und die Wortklänge schön zusammenstimmen und diese Steigerung bis zuletzt erreichen.

Um zu belegen, wie Rempis sich an FitzGerald und Nordmeyer hielt, aber auch um zu zeigen, wie das Enjambement von FitzGerald durch Nordmeyer nachgeschaffen wurde, zitieren wir noch:

Whose secret Presence, through Creation's veins
Running Quicksilver-like eludes your pains;
Taking all shapes from Mah to Mahi; and
They change and perish all – but He remains.

From Mah to Mahi bedeutet soviel wie vom Mond zum Fisch und bezeichnet das Weltall. Die andern Formeln des Englischen, die das Mystische der bleibenden Wirklichkeit in ihren wechselnden Formen wiedergeben, hat Nordmeyer entsprechend mystisch verdeutscht:

Der durch die Welt in Urallgegenwart
quecksilbrig rinnend dein Ergreifen narrt –
in jedem Bild von Mah bis Mahi lebt:
und alle schwinden hin – er nur beharrt.

Rempis übernahm das sogleich:

Der Geist nur, der in Urallgegenwart
die Welt durchflutend unsre Sinne narrt,
sich bald als Tier und bald als Pflanze zeigt –
wenn auch die Formen schwinden – Er beharrt.

Er folgte also hier FitzGerald und Nordmeyer, nicht dem Urtext, den er selber folgendermassen überträgt:

> Jener "Geist" der in Sich die Möglichkeit aller
> Erscheinungen hat,
> wird bald zu Tieren und bald zu Pflanzen.
> Damit du nicht meinst, Er werde zu nichts – o nein! –
> Er ist ob seines "Wesens" hochberühmt, wenn auch die Formen
> nicht (mehr) sind.

Und als er das nochmal reimend übertrug, hielt er sich zwar nicht mehr an die Worte Nordmeyers, aber der Geist von FitzGerald bleibt bestehn, wenn auch die Formen wechseln, da er ohne diese Form gar nicht auskommt, die ein großer Dichter vorgeprägt hat und die deshalb wirksamer ist als das, was man mit dem Wörterbuch erarbeiten könnte:

> Der Geist nur, den im Werden und Vergehn
> wir bald als Tier und bald als Pflanze sehn,
> wird niemals, wie du meinst, in Nichts verwehn:
> wenn auch die Form zerfällt – Er bleibt bestehn.

Natürlich denkt man da nun wieder auch an Keller: "bis sie schwanken und dann auch vergehn, wie von eines Falters Flügelwehn", denn Reime haben es einmal an sich, dass man sie nicht übernehmen kann. Dass Nordmeyer das nie tat, scheint mir besonders wichtig. Schliesslich war er damals ein junger Mann, Ende der Zwanzig, der so leicht nach dem Muster anderer Dichter hätte reimen können. Er hat aber neu geschaffen, so wie George bei seinen Übersetzungen, weshalb ich ihn auch neben den ganz grossen Übersetzern in meinem *Was bleibt* zitierte.

2.

Ein interessantes Beispiel dafür, dass man heute doch mitunter anders schreiben muss als damals, als FitzGerald dichtete, bietet uns das folgende Rubai:

> I sometimes think that never blows so red
> The Rose as where some buried Caesar bled;
> That every Hyacinth the Garden wears
> Dropt in her lap from some once lovely Head.

Das ist mit Grund berühmt, denn es hat die Fülle des poetischen Reichtums, dessen das Englische fähig ist, wenn man auch sehr gut hören muss, um das nachzufühlen: das leichthin Gesagte "I sometimes think"; die Reime *red, bled, Head,* wobei das unausgesprochene *dead* mitklingt; der ganze Ton auf e und o, "never blows so red the rose", "from some once lovely head" usw.; die Alliteration *so red the Rose,* die sich mit dem Reim *blows so red the rose* und dazu dem Zeilenende überschneidet — das dürften die stärksten Eindrücke sein, die der Analyse zugänglich sind. Aber nun steht es im Persischen ja ganz anders als hier! Warum hat also FitzGerald sich hier Freiheiten genommen, statt etwa wie Rosen und Rempis beim Veilchen zu bleiben? Rosen gibt die folgende wörtliche Übertragung:

> Wherever in the desert a bed of tulips has sprung,
> Those tulips have been an Emperor's blood.
> Wherever a violet grows out of the earth,
> It is a beauty-spot which once has been on the face of a beloved.

Und Rempis sagt es so:

> In jeder Ebene, wo ein Tulpenbeet gewesen ist, da ist die Tulpe aus dem Blut eines Herrschers gewesen. Jeder Veilchenspross, der aus der Erde wächst, ist ein Mal, das auf der Wange eines "Bildes" gewesen ist.

Das Persische, wie die moderne Kunstdichtung, liebt das Weithergeholte, die witzige Kombination, das *Conceit,* wie man in der Renaissance sagte und aus den Gesprächen in Shakespeare's *Love's Labours Lost* weiß. Und da für uns ein Schönheitspflästerchen nicht poetisch wäre, besonders wenn jedes Veilchen eines sein sollte, da zudem die Tulpen nicht notwendigerweise rot sind, gab FitzGerald nur den Sinn, indem er *so red the Rose* wählte und auf *red bled, blutete,* reimte, um dann aus der Antike ein ebenso "hergeholtes" Motiv zu nehmen, von Hyakinthos, den Apollo mit dem Diskus tötete, worauf aus dem Blut des Lieblings die Iris sprang, Hyacinthe genannt, die auf ihren Blütenblättern das griechische Wehe ruft, da sie die Zeichen trägt: AI, AI. Doch solches Wissen ist heute nicht mehr beim Leser zu erwarten, weshalb Nordmeyer von der Rose auf die Lilie hinübermoduliert, die im deutschen Lied ja so oft neben der Rose genannt wird, wie sie ja auch im Garten zusammen blühen, und die zudem an ein reines Mädchen erinnert, das im Tod erblasste; die Molltönung der englischen Reime konnte er nicht nachschaffen, aber er vermied klug die allzu abgeleierten Reime von *rot* und *Tod,* und sagt es so:

> Mich dünkt, die Rosen blühn in tiefrer Glut,
> wo einst vergossen eines Cäsars Blut;
> und Lilien blühn, wo tief im Gartengrund
> ein einst wer weiss wie süsses Mädchen ruht.

3.

Zum Abschluss noch eine Reihe anderer Übersetzungen aus der Zeit. von der Porten sagt es so:

> Wo eine Rose oder Tulpe spross,
> das rote Blut einst eines Kaisers floss;
> wo aus der Erde jetzt ein Veilchen lugt,
> ein Grab sich über zartem Mägdlein schloss.

Rempis borgt Nordmeyer wieder die Reime ab, aber übernimmt von dem andern das lugende Veilchen:

> Mir scheint, wo Tulpen blühn in Purpurglut,
> verspritzte ehmals eines Königs Blut;
> und wo ein Veilchen aus dem Rasen lugt,
> ein lieblich Mädchenhaupt darunter ruht.

Also, das Schönheitsfleckchen gibt auch er auf und hält sich an FitzGeralds *lovely Head.*

Altschul (1910, Alexander Köhler in Dresden) gibt diese Version aus dem Englischen:

> Mich deucht, als ob die Rose so voll Glut
> Nie blüht als wo geflossen Heldenblut;
> Als ob gefallen von einst holdem Haupt
> Jedwede Lilie in des Gartens Hut.

Das andre angeführte Gedicht übertrug er wie folgt:

> Im laub'gen Schatten Wein und Brot; es sei
> Ein holdes Buch der Lieder auch dabei;
> Und in der Wüste singend du bei mir:
> Ein Paradies ist dann die Wüstenei.

Hense (1924) will FitzGeralds Bild bewahren:
> Ich glaube, nirgends blüht so rot die Ros'
> denn wo ein Cäsar blutend fand sein Los.
> und jede Hyacinthe, die im Garten blüht –
> ein liebend Haupt warf sie ihm in den Schooss.

So behält er auch das letzte Bild bei, aber leider muss er daher "die Ros'" einsetzen, was poetisch leider kaum angeht.

Es wäre leicht möglich, Dutzende anderer Übersetzungen anzufügen, die im Lauf der Jahre erschienen sind, z.T. geglückt, z.T. fast ganz missglückt; denn jedem gelingt immer wieder da und dort eine Reihe von Zeilen; aber dann stören wieder zehn Vierzeiler, die so unmöglich wirken, dass man es aufgibt. Nur ein Beispiel dafür:

> Think, in this batter'd Caravanserai
> Whose Portals are alternate Night and Day,
>   How Sultan after Sultan with his Pomp
>   Abode his destined Hour, and went his way.

Der Reiz der pompösen Welt und ihrer Herren gegenüber dem Zerfall des Wirklichen um uns ist hier unsäglich fein gesagt. Nordmeyer bringt den Vokalklang des Pompösen gut heraus, wenn er sagt:

> Und denk .. in diese Karawanserei,
> ob Nacht, ob Licht das Tor gewesen sei,
> Sultan auf Sultan kam mit Prunk und Pracht –
> und zog davon, war seine Zeit vorbei.

Wie hilflos klingt daneben Gribble, der 1907 im Inselverlag im Von Holtendruck mit Behmerinitialen erschien:

> Gar mancher Sultan hielt mit seinem Prunke
> Wohl Rast in dieser elenden Spelunke,
> Drin Tag und Nacht die Ein- und Ausgangspforten, –
> Dann zog er fürder, nach getanem Trunke.

Wilhelm Hense, dessen Übersetzung übrigens in Cleveland, Ohio, erschien (1924), hat eine geglückte zweite Zeile; aber die dritte ist dann wieder ganz unmöglich:

> In dieser Herberg, die so wacklig steht,
> wo Tag und Nacht abwechselnd Wache geht –
>   denkt nur, wie Sultanus auf Sultan harrt
>   auf seine Schicksalsstund' – und sachte geht.

Den Sinn hat er zwar besser als Gribble gefasst, aber sprachlich stört wieder zu viel. 1911 fand man in den *Süddeutschen Monatsheften* das folgende von Gustav Keyssner:

> Zwei Tore hat dies alte Herbergshaus:
> Durch's Tor des Tages zog zu Rast und Schmaus
> Ein Sultan nach dem andern prunkend ein,
> Durch's Tor der Nacht dann, o wie bald, hinaus!

Walter Fränzel gab es so, bei Diederichs, 1913:

> Sieh. wie es Tag und Nacht. zwei Tore. gibt.
> Durch die sich diese Karawane schiebt.
> Mit grossem Tross Sultan auf Sultan naht,
> Sein Stündchen bleibt und sich hinwegbegibt.

Otto Klausner (Detroit 1933) hat wieder die störenden Kurzformen:

> Denk: Tag und Nacht, im wechselnd Einerlei,
> Sind Tore dieser Karavanserei,
> Wo Sultan hinter Sultan mit Gepräng'
> Verweilte seine Stund' – und zog vorbei!

Allzu verschieden vom Urtext FitzGeralds klingt schon durch das andre Reimschema die Übersetzung von Kulenkampff (Berlin, Verlag Der Deutschenspiegel. O.J.):

> So karg die Schenke, deren Toresbogen
>   die Sonne bald und bald der Mond bewacht!
> Und doch hat jeder Sultan Halt gemacht
>   und ist nach kurzer Rast des Wegs gezogen.

Drenford, Preconi, Seger, von der Mühlen, Tausig, Schenck, Klausner und andre mehr liessen sich anführen; ebenso noch manche englische Übersetzer; aber statt dessen sei damit geschlossen, was Lord Grey über FitzGerald sagte, was Tennyson ihm als poetische Epistel sandte, und was er selber aus dem *Agamemnon* des Äschylus machte.

4.

Diese Hinweise werden deshalb gegeben, weil der Leser hier vielleicht Möglichkeiten zu wiederholtem und tieferem Eindringen in die Person und das Werk des grossen Dichters entdeckt. Denn wenngleich FitzGerald durch die Rubaijat weltberühmt wurde, allerdings erst gegen Ende seines Lebens, so war er sich durchaus seines Könnens bewusst und dachte sogar von manchen anderen seiner Übertragungen höher als von den Omarversen; wenn er übertrug, so nahm er sich allerdings Freiheiten, wie wir sie bemerkt haben, um den Geist des Originals ganz englisch zu machen, um nichts bloss "wörtlich" stehen zu lassen. Und die Vergleiche mit den wörtlichen Übersetzungen anderer haben ja wohl hinreichend gezeigt, dass es sich beim Übersetzen um ein sehr kompliziertes Umdichten handelt, so wie der Schauspieler eine Rolle schafft, so wie der grosse Musiker ein Notenblatt erst verwirklicht. Zu behaupten, dass nur die schwarzen Linien und Punkte die Musik seien, wird ja nur wenigen einfallen. Der Reiz der Dichtung nun ist ähnlich dem Reiz eines grossen Musikers, den man liebt.

Lord Grey meint daher, als er die Briefe FitzGeralds an seinen nachmaligen Schwiegervater einleitete: "Some of the charm, I think, is due to the complete and absolute detachment of his comments on men and affairs. He took no hand in what was passing, and he was without any desire to take a hand. To read him is to become an onlooker with him; to withdraw from the crowd and press of men and things. And in this there is a repose that becomes ever more grateful as the inventions of science speed up the pace of life." Das schrieb er schon 1923, als von der stetigen Beschleunigung und Umwandlung des Soziallebens noch sehr wenig merkbar war! Und so gibt FitzGerald in seinen Briefen in der Tat das Gefühl des Behagens, das man aus der Kindheit kennt, wenn man zu einem lieben alten Herrn geschickt wurde, der einem ein Stückchen Zucker gab und wo alles so still und gütig war, dass es einem wohlig über den Rücken lief wie dann, wenn man bei der Grossmutter sass und sie einem mit ihrem Messerlein ein Stückchen Apfel schnitt und man wartete und die Uhr ticken hörte. "Appreciation of FitzGerald is like something very intimate which we know to be part of ourselves, but just because it is so intimate we cannot analyse precisely. We can express thoughts when it is difficult to express feelings, and appreciation of FitzGerald is a matter of temperament and feeling rather than an intellectual process. Indeed we cannot appreciate him unless we love him."

Ähnlich unterbetont und gefühlssicher ist das Gedicht, das ihm der Lebensfreund Tennyson zum fünfundsiebzigsten Geburtstag zuschrieb und das er nicht mehr im Druck sehen sollte. Tennyson erinnert sich an FitzGeralds vegetarisches Leben, wie bei einem Besuch die Tauben sich auf ihn niederliessen, als ob sie sich da sicher wüssten. Auch er, Tennyson, habe so zu leben versucht, aber es nicht fertig gebracht wie der spartanische Freund (der übrigens einer der allerreichsten Familien des englischen Hochadels entstammte). Doch ..

> but none can say
> That Lenten fare makes Lenten thought,
> Who reads your golden Eastern Lay,
> Than which I know no version done
> In English more divinely well;
> A planet equal to the sun
> Which cast it, that large Infidel
> Your Omar; and your Omar drew
> Full-handed plaudits from our best
> In modern letters, and from two,
> Old friends outvaluing all the rest,
> Two voices heard on earth no more;
> But we old friends are still alive,
> And I am nearing seventy-four,
> While you have touch'd at seventy-five,
> And so I send a birthday line
> Of greeting ...

Merkwürdig, ihm hatte FitzGerald zuerst geschrieben, dass er auf den persischen Dichter gekommen war; das war 1856, als der Dichter schon siebenundvierzig Jahre alt war und eben Persisch anfing; und was er damals schrieb, blieb Tennyson im Ohr: "We read some curious Infidel and Epicurean Tetrastichs by a Persian of the Eleventh Century – as Savage against Destiny etc. as Manfred – but mostly of Epicurean Pathos of this kind – 'Drink – for the Moon will often come round to look for us in this Garden and find us not.'" (Aus dem Manuskript veröffentlicht durch Alfred McKinley Terhune, *The Life of Edward FitzGerald*. London, Oxford University Press. 1947.)

An einer solchen Epistel lässt sich die Feinheit englischer Dichtung studieren. Wie liebevoll das Eingehen auf den Freund, dessen Omar zweimal genannt wird! Tennyson sagt, es gebe überhaupt keine andere

Übersetzung ins Englische von gleichem Rang. Und humorvoll wird auf "your Omar", "that large Infidel" angespielt. Aber was besonders wirkt, ist die englische Gefühlssprache, die nichts überhöht und übersteigert und, wie so oft im Deutschen, in Stimmung macht; im Gegenteil, es wird unterbetont, so sehr, dass man kaum merkt, dass die Verse reimen. Und wie sie reimen! Die Erinnerung an die Vorangegangenen, die *no more* sind, reimt mit Tennysons *seventy-four,* und das *alive* der beiden Freunde mit FitzGeralds *seventy-five.* Das ist unwahrscheinlich einfach, und daher unendlich gross!

Wäre es anders, dann würden sich auch nicht immer neue Übersetzer um die Verdeutschung dieser englischen Dichtung bemühen. Um aber nun abschliessend noch die weite Begabung des Omarübersetzers anzuzeigen, zitieren wir aus den grossartigen Chören aus dem *Agamemnon:*

> Another rising of the sun
>   That rolls another year away,
> Sees us through the portal dun
>   Dividing night and day
> Like to phantoms from the crypt
> Of Morpheus or of Hades slipt,
>   Through the sleeping city creeping,
> Murmuring an ancient song
> Of unvindicated wrong,
> Ten year told as ten year long...

oder

> The Robber, blinded in his own conceit,
>   Must needs think Retribution deaf and blind.
>   Fool! not to know what tongue is in the wind,
> When Tellus shudder'd under flying feet,
>   When stricken Ocean under alien wings;
> Was there no Phoebus to denounce the flight
>   From Heav'n? Nor those ten thousand Eyes of Night?

Vergleicht man diese Sprache mit der in Tennysons Epistel, dann gewinnt man zugleich einen Eindruck von der ungeheuren Fülle und dem melodischen Reichtum des Englischen. Das Deutsche hat ja keine solche Tradition einer ungebrochenen dichterischen Entwicklung, wie sie das Englische seit dem Mittelalter besitzt. Wenn also FitzGerald an Marlowe und Shakespeare anknüpft, wie in diesen lyrischen Stellen, die an Lieder bei Shakespeare erinnern, dann ist das etwas ganz andres, als wenn ein paar junge "Stürmer und Dränger" sich einen eingebildeten Shakespeare zum Muster nehmen oder Hans Sachsische Knittelreime ausprobieren oder sich nach Milton oder italienischen Mustern richten. Das sind immer bewusste Anleihen, Versuche der Aneignung, wie sie die deutsche Literatur immer wieder neu versucht, bis zur Gegenwart, aber nicht das Ergebnis ungebrochener Tradition, die allein eine reiche Dichtersprache schafft. Wenn z.B. T.S. Eliot an Edward Lear anknüpft, so geht das an, während kaum ein vergleichbarer deutscher Zeitgenosse beim *Struwwelpeter* Anleihen nähme.

Man weiss, wie Claudius an Paul Gerhard anknüpfte, aber wo hätte einer ausser Goethe die erhabenen Klänge von "O Ewigkeit, du Donnerwort, O Schwert, das durch die Seele bohrt, O Anfang sonder Ende! O Ewigkeit, Zeit ohne Zeit, Ich weiss vor grosser Traurigkeit nicht, wo ich mich hinwende." fortklingen lassen? Schon Schillers Sprache ist so individuell, dass man beim Anklang daran sofort sagt: "Da reimt er nun wie Schiller!" Im Englischen dagegen ist das gesamte Sprachgut ungebrochen durch die Jahrhunderte hindurchgefiltert worden, und wenn auch, wie überall, der französische Klassizismus die bekannten epigrammatischen Verse auch in England hervorrief, etwa bei Pope, so ist auch dies Teil des Ganzen geworden, wie man bei Byron am leichtesten sehen kann, wogegen z.B. kein deutscher Romantiker an Gottsched oder Haller anknüpfen mochte. –

Es sind solche Studien, die uns die Übersetzerdichter nahelegen, weil wir hier analytisch feststellen können, was sie erstrebten und fertig brachten, da man sie ja sowohl neben den Urtext wie neben andere Übersetzer rücken kann. Diese Verbindung der wirklichen Sprache als Dichtermaterial mit der persönlichen Schöpfung ist uns einesteils durch die Interpretationen der neueren Lehrmethode geläufiger geworden, ist aber andernteils auch mit dem heutigen handwerklichen Arbeiten im Wortbereich allgemein verständlich. Hier wäre also eine Verbindung zwischen Sprach- und Literaturwissenschaft möglich, die über die primitiven an Worte, Grammatik, Laute usw. gebundenen Methoden der Philologie und Linguistik hinausreichen kann. Besonders auf das Klangliche, durch das mehr mitgeteilt werden kann als durch alles andre, weist uns FitzGeralds Dichtersprache. Er war ein ausübender

Musiker, der gern Mozart und Händel spielte. Und so sind seine Übertragungen aus Calderon vielleicht mit dem *Don Giovanni,* seine griechischen Chöre mit Händels Orgelklängen verwandt. Was die primitiven wörtlichen Übersetzer nicht zu geben vermögen, das Verständnis – man erinnert sich an die Frage, was das persische *Virani-Desolation* überhaupt an "Gehalt" in sich birgt – das schafft der Dichterübersetzer auf tausenderlei Weisen. Hier lässt sich deshalb an wenigen Beispielen tieferes Verständnis sowohl englischer wie deutscher Verskunst und poetischer Musikalität gewinnen als durch dicke Bände von Kommentaren und Wörterbüchern. Möge Nordmeyers FitzGerald und FitzGeralds Omar Chajjam diesen Weg zum Verstehen erschliessen helfen!

Zur Bibliographie:

FitzGerald, Werke und Leben:

1. *Letters and Literary Remains of Edward FitzGerald*, edited by William Aldis Wright. London.1889. 3 vols.
2. *Letters of Edward FitzGerald in Two Volumes.* L. 1894.
3. *More Letters of Edward FitzGerald*. L. 1902.
4. *Letters of Edward FitzGerald to Fanny Kemble.* L.1902
5. *Some New Letters of Edward FitzGerald*, edited by F.R.Barton. With a Foreword by Viscount Grey of Fallodon. L.1923.
6. *Letters from Edward FitzGerald to Bernard Quaritch*, edited by C. Quaritch Wrentmore. L. 1926
7. *Tiresias and other Poems* by Alfred Lord Tennyson. L.1885.
8. Thomas Wright, *The Life of Edward FitzGerald.* L.1904. 2 vols.
9. Alfred McKinley Terhune, *The Life of Edward FitzGerald.* L. 1947.

FitzGerald, Übersetzungen ins Deutsche:

1. Die Lieder und Sprüche des Omar Chajjam. Verdeutscht durch Friedrich Bodenstedt. Breslau 1881.
2. Omar Chijam. Strophen. Deutsch von A.F. Graf v. Schack. Cottasche Handbibliothek, Stuttgart, o.J.
3. Omar Khayyam Rubaiyat. Deutsch von M.R. Schenck, Hendel Bibliothek der Gesamtliteratur, Halle (später Berlin), o.J.
4. Des Omar Chijam Vierzeiler. Nach der englischen Übersetzung von FitzGerald ausgewählt und metrisch übersetzt von Rudolf C. Gitterman. Hesses Volksbücherei, Leipzig. 1905.
5. Deutsche Vierzeiler zu der Liederfolge "In einem persischen Garten" von Liza Lehmann. Von Dr. August Stern. Wien 1903.
6. Omar Khayyam Rubayyat von Edward FitzGerald deutsch nachgedichtet ... für das Chorwerk von Bantock. Leipzig 1906–9 (Breitkopf u. Haertel).
7. Rubaïjat des Omar Chajjam von Neschapur. Von G.D. Gribble. Von Holtendruck, mit Behmerinitialen. Insel, L. 1907.
8. Übertragung einiger Strophen Omar Chajjams zur Musik von Granville Bantock, von Karl Lafité. Cardiff. 1907.

9. Sinnsprüche. Rubaijat-I-Omar-I-Khajjam, aus dem Persischen übersetzt von Fr. Rosen. Stuttgart 1909.
   2. verm. Auflage 1912. Dasselbe in 300 numerierten Exemplaren, Text geschrieben von H. Delibsch. 1914. 3. verm. Aufl. Stuttg. 1919.
   4. u. 5. verm. Aufl. 1922. Dann als Inselbuch 1929, 35.–45. Tausend 1955.
   Vgl. Friedrich Rosen, *Aus einem diplomatischen Wanderleben*, B.1931/2. 2 Bände. Bd 3/4 im Limesverlag, Wiesbaden. 1959.
   Persische Ausgabe von Rosen, Berlin 1925.
   Englische Übersetzung von Rosen: *The Quatrains of Omar Khayyam*. L. Methuen. 1930.
10. Rubaiyat von Omar Chajjam. Von Arthur Altschul. Dresden. 1910.
11. Die Sprüche der Weisheit. Deutsch von Hector G. Preconi. Zürich 1911. 1914 neu als "Kleinodien der Weltliteratur", 1917 als Rolandbücher, München.
12. Strophen aus FitzGeralds Omarnachdichtung von Gustav Keyssner, *Süddeutsche Monatshefte*. München, Juni 1911.
13. Die Rubaiyat des Omar Khayyam aus dem Persischen von R.S. Bäk. Leipzig. 1912.
14. Omar Chajjam Rubaijat. Deutsch v. W. Fränzel. Jena 1913.
15. Die Rubayat des Omar Chajjam v. Paul Tausig. Wien 1917.
16. Klabund (A. Henschke), Das Sinngedicht des persischen Zeltmachers. München 1917.
17. Omar Khayam. Nachdichtungen von Hans Bethge. Berlin o.f. (1921).
18. Der Perser Omar. Erste autorisierte deutsche Ausgabe der amerikanischen Übersetzung v. Dr. George Drenford. Breslau 1922.
19. Omar Khaijam, der Sterndeuter unter den Dichtern Persiens, Verdeutschung von F. Seger. Pasing. 1923. Bücher der Heimkehr. 3.
20. Die Sinnsprüche des Omar Khayyam. Deutsch v. Wilhelm Hense. Cleveland, Ohio. 1924.
21. Omar Khayyam. Persische Verse. Deutsch v. L. Boldt. Friedensburg-Stettin. 1924.
22. Edward FitzGeralds Rubaiyat des Omar Khayyam, verdeutscht von Henry W. Nordmeyer. Signierte Auflage von 300. Potsdam. 1926.
23. Die Weisheiten des Omar Khajjam v. W.D. Kulenkampff. B. 1926.

24. Die Vierzeiler des Omar Chajjam. Übersetzung nach der Bodleyschen Handschrift von Walter von der Porten. Hamburg. 1927.
25. Das Rubayiat (!) des Omar Khajjam von Herman von Zur Mühlen in *Westermanns Monatshefte*. Juni. 1928.
26. Edward FitzGeralds 'The Rubaiyat of Omar Khayyam' deutsch von Ulrich Sander. Stuttgart. 1932.
27. Die Sprüche Omar Khayyams deutsch v. Oscar Klausner. Detroit. 1933. (Die Ausgabe wurde vom Übersetzer auf Stein gezeichnet und geschrieben)
28. Die Vierzeiler Omar Chajjams. Von C.H. Rempis. Tübingen. 1933. Grosse und veränderte Ausgabe mit Prosaübersetzungen usw. Tübingen. 1935. Zweite Fassung. Dessau 1940.
29. Omar Khayyam. Die Sinnsprüche. Aus dem Persischen von Rud. Berger. Bern 1948. Parnassusbücher.
30. Omar Khayyam. A New Version based upon New Discoveries by A.J. Arberry. London, John Murray. 1952.
31. Zelte der Weisheit. Nachdichtung von Dieter Bellmann. Rudolstadt. 1958.
32. Die Rubaijat des Omar Khaijam v. Max Barth. Frankfurt 1963.

Den Hinweis auf Bücher bei Picknicks verdanke ich D.A. Shojai, *The Structure of FitzGerald's Rubaiyat of Omar Khayyam* ("Papers of the Michigan Academy of Science, Arts, and Letters." Vol. LII, 369 ff. 1967.)

Eine sehr reichhaltige Bibliographie enthält der grosse Rempis (s.o. 1935). Auf die zahlreichen englischen Übertragungen einzugehen, ist hier nicht die Gelegenheit. Ein Oberseminar könnte hier feine sprachliche Forschung mit subtiler Interpretation vereinen. Unser Neudruck hat also nicht nur Liebhaber, sondern auch Studierende und Forscher im Sinn.